여덟 명의 장애예술영재 이야기

또 하나의 영재

장애를 넘어 드러난 예술재능

김동일 저

학지사

　장애영재는 이중특수성(twice-exceptionality), 즉 시각장애,
청각장애, 학습장애 등과 같은 증상을 갖고 있는 특수교육대상
자가 높은 지능, 창의성, 과제집중력과 같은 영재의 특징을 동
시에 지니는 경우를 뜻한다. 장애영재는 일반적으로 장애를 하
나 혹은 둘 이상 가지고 있음에도 높은 수행수준을 나타낼 수
있는 잠재력을 지니며, 실제로 장애영재는 아주 심각한 정신지
체나 발달장애를 제외한다면 모든 영역의 장애에서 나타날 수
있다. 장애영재의 출현율에 대한 정확한 통계는 없지만, 장애
인 중 적어도 2%는 영재성을 지니고 있다고 추정한다.
　여러 영역 중 특히 예술 분야에서 뛰어난 영재성을 보이는
장애인을 장애예술영재라고 한다. 장애인들은 조기교육 및 치

료, 여가 활용, 취미 생활 등 다양한 목적으로 예술교육을 접하게 된다. 이들 중 체계적인 지도를 받지 않아도, 혹은 아주 기본적인 지도만을 받았을 뿐인데 매우 뛰어난 수행을 보이는 경우가 종종 있으며, 이러한 사례들은 언론을 통해 자주 소개되고 있다. 그러나 장애예술영재는 복합적인 관련 개념의 집합체이며 동시에 새로운 고려 사항이 필요한 연구 영역이다. '장애, 예술성, 영재'라는 세 가지 개념이 복합적으로 관련되어 있으며, 각각의 개별적 개념에 따른 특수성뿐만 아니라 세 가지 개념의 집합에 따라 생기는 공통성과 차별성을 동시에 고려해야 하기 때문이다.

이 책에 나오는 여덟 사람은 언론에 소개되고 관련 전문가의 추천을 통해 선정된 장애예술영재다. 이들의 직접적인 이야기를 접하는 것은 매우 귀중한 기회다. 또한 이 이야기를 통해 아직 우리 사회는 장애인에게, 게다가 예술인으로 활동하고자 하는 장애인에게 그리 바람직한 환경을 제공하고 있지 않다는 것을 다시금 깨닫게 된다. 세상과 이 기록을 조심스럽게 나누고자 하는 이유는, 때로는 환희와 때로는 고난과 좌절의 기억이 깃들어 있는 이들의 이야기가 많은 사람들의 삶에 의미를 줄 수 있는 오롯한 메시지를 담고 있다고 확신하기 때문이다.

이 기록을 구성하기 위하여 많은 분들의 도움이 있었다. 자료 수집과 정리에 직접 참여했던 한국인적자원연구센터의 황미주, 지은 연구원에게 진심으로 고마운 마음을 전한다. 그리고 이 책의 기틀을 열어 준 문화체육관광부의 한국문화예술교육진흥원 관계자 여러분과 장애예술영재 연구를 같이 진행하였던 박춘성 박사, 홍성두 박사, 조영희 선생에게도 감사드린다. 또한 이 글을 정리할 수 있도록 디딤돌을 제공한 교육과학기술부, 한국인적자원연구센터의 특별한 지원에 감사드린다. 마지막으로 우리에게 귀한 배움의 기회를 허락해 준 장애예술영재와 그 가족 분들에게 진심으로 감사의 인사를 드린다.

2009년 3월
관악산 연구실에서
김동일

또 하나의 영재 장애를 넘어 드러난 예술재능

Contents

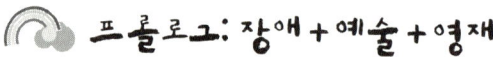

프롤로그:
장애+예술+영재

장애예술영재 바로 보기

4월 20일은 장애인의 날이다. 그날이 되면 사회 곳곳에서 장애인의 날 행사가 열리고, 방송매체에서는 장애인에 대한 여러 가지 특집 프로그램들이 줄을 잇는다. 방송사마다 '장애인의 날 특집' '장애인의 날 기획' 등의 타이틀을 단 여러 프로그램들을 방송하고 그 프로그램들은 장애인 인권보장과 사회인식 개선의 필요성을 역설하는 것을 주 내용으로 한다. 하지만 이런 관심도 4월 20일 하루뿐이다. 장애 이해 및 인식 개선을 위한 행사나 방송은 장애인의 날 하루에만 집중될 뿐, 다른 날에는 거의 찾아보기 힘든 것이 현실이다. 이와 같은 잠깐의 관심만 불러일으키는, 장애인에 대한 일회성의 소비적 접근으로는 근본적인 사회 인식을 변화시키기 어렵다.

장애인의 날에 방송되는 특집 프로그램 중 해마다 대표적으로 등장하는 것은 뛰어난 재능을 가진 장애인을 소개하는 것이다. 그중에서도 특히 예술적 재능을 가진 장애인을 소개하는 프로그램들이 많다. 이러한 프로그램들은 대개 그 사람이 어떠한 기능에 장애가 있고 그러한 장애에 의해 어떠한 어려움을 겪는지를 먼저 보여 주고, 그와 상반된 뛰어난 재능을 소개하면서 흥미를 불러일으킨다. 하지만 안타깝게도 이러한 방송들은 대부분 현상을 흥미 위주로 보여 주는 데만 초점을 맞추기 때문에, 장애인들이 어떻게 그러한 재능을 발현시킬 수 있었는지 혹은 장애인들의 더 많은 사회적 참여를 위해서 어떠한 지원이 필요한지에 대한 진지한 논의를 진행하기 어렵다.

이 책에 서술된 기록은 "장애인인데 대단하다. 신기하다."라는 단순한 호기심을 넘어서 "어떻게 재능을 발달시킬 수 있었을까?"라는 질문에서 출발한다. 장애를 가지고 있으면서 동시에 특정 분야에 영재성을 나타내는 사람들의 사례는 비장애인들과는 분명히 다른, 특별한 무언가가 있을 것이라고 생각되기 때문이다. 따라서 그들이 가진 재능은 무엇이고, 그 재능을 어떻게 발견하였으며, 어떠한 교육을 받아 왔고, 가족과 교사 등 주변 인물들은 어떠한 지원을 제공하였는지, 그리고 장애인 본인의 성격과 의지 및 흥미는 어떠하였고, 현재에 이르기까지 어떤 결정적인 경험과 어려움이 있었는지를 정리해 보고자 한다. 특히, 이 책에 등장하는 사례를 성찰해 봄으로써 장애인들이 나타내는 재능이 단순히 얻어진 것이 아니라 개인을 둘러싼 다양한 요소와 경험에 의해 만들어진다는 것을 확인할 수 있을 것이다. 또한 장애인들이 가진 재능의 발달을 촉진하는 요소와 방해하는 요소를 이해하는 데 도움이 될 것이다. 결국 예술적 재능을 보이는 장애인을 둘러싼 이러한 디딤돌과 걸림돌을 찾아내고 적절한 지렛대를 제공하여, 앞으로 많은 장애예술영재가 알차게 배우고 성장하는 것을 지켜볼 수 있을 것이라는 교육적 신념을 확고히 하고자 한다.

장애, 예술성 그리고 영재

　지금까지 영재에 대한 판별은 주로 지능지수(IQ)에 의존하여 이루어졌기 때문에, 지능지수가 낮거나 장애를 가진 사람이 일반적인 사람들보다 훨씬 더 뛰어난 능력과 잠재력을 가질 수 있다는 사실에 대한 인식은 부족한 편이다. 결함과 결핍을 나타내는 '장애'와 탁월함과 우수성을 나타내는 '영재성'은 공존할 수 없는 상반된 성격의 특성이라고 생각하기 쉽다. 영재성에 대한 개념이 변화하고 확대됨에 따라 장애영재에 대해서 조금씩 인식하게 되었지만, 주로 장애에 따른 결함에만 초점을 맞추는 연구 동향 때문에 우리나라에서 장애영재에 대한 체계적인 연구를 찾아보기는 어려운 실정이다.

장애영재란 이중특수성(twice-exceptionality), 즉 시각장애, 청각장애, 학습장애 등과 같은 특수교육의 대상이 되는 속성과 높은 지능, 창의성, 과제집착력 등 영재교육의 대상이 되는 속성을 동시에 지니는 경우를 뜻한다(김동일 외, 2007). 이들은 일반적으로 장애를 하나 혹은 둘 이상 가지고 있음에도 불구하고 높은 수행수준을 나타내는 잠재력을 보이며(이신동, 2002), 실제로 장애영재는 아주 심각한 정신지체나 발달장애를 제외한다면 장애의 모든 영역에서 나타난다. 장애영재의 출현율에 대한 정확한 통계는 없지만, 장애인 중 적어도 2%는 영재성을 가지고 있다고 추산된다(Whitmore & Maker, 1985).

여러 영역 중 특히 예술 분야에서 뛰어난 영재성을 보이는 장애인을 장애예술영재라고 한다. 장애인들은 조기교육 및 치료, 여가 활용, 취미 생활 등 다양한 목적으로 예술 영역을 접하게 된다. 이들 중 체계적인 지도를 받지 않아도, 혹은 아주 기본적인 지도만을 받았을 뿐인데 매우 뛰어난 수행을 보이는 경우가 종종 있으며, 이러한 사례들은 언론을 통해 자주 소개되고 있다.

장애예술영재에 대한 기초 연구(김동일 외, 2007)에 따르면, 장애예술영재는 복합적인 관련 개념의 집합체이면서 동시에 새로운 고려 사항이 필요한 영역이다. 장애와 예술성, 영재라는 세 가지 개념이 복합적으로 관련되어 있으며, 각각의 개별적 개념에 따른 특수성뿐만 아니라 세 가지 개념의 집합에 따라 생기는 공통성과 차별성을 동시에 고려해야 하기 때문이다.

김동일 등(2007)은 장애예술영재를 정의할 때 일차적 수준에서는 장애와 뛰어난 영재성을 동시에 참조하고, 이차적 수준에서는 예술 관련 전문가의 전문적 판단에 의해 대상의 예술적 능력 수준을 참조하여야 하며, 삼차적 수준에서는 장애 요인을 참조해야 한다고 밝히고 있다. 그리고 이러한 차원에 따라 장애예술영재를 '예술 영역에 뛰어난 성취를 보이거나 잠재성을 지닌 사람'으로 정의하였다.

현재 이러한 장애예술영재의 교육은 크게 두 가지 방식으로 이루어지고 있다(김동일 외, 2007). 첫째는 예술중·고등학교, 예술영재교육원, 예술영재학급과 같이 일반 예술교육기관에 장애학생이 통합되어 함께 예술교육을 받는 것인데, 실상 이러한 방식으로 교육을 받는 학생들의 수는 그리 많지 않다. 둘째는 장애학생이 특수교육을 받으면서 별도로 예술교육을 받는 방식이다. 그러나 이러한 두 가지 방식은 예술성과 장애라는 각각의 특징에만 초점을 맞추고 다른 특성들에 의한 독특한 요구를 충족시켜 주지 못하는 문제점이 있다. 따라서 장애예술영재 본연의 능력과 잠재력을 발현시키려면, 장애예술영재만이 가지는 독특한 교육적 요구를 파악하여 이에 적합한 교육을 제공하려는 노력이 필요하다.

장애예술영재가 성장하고 훈련받는 과정을 이해하기 위해 예술 인재의 전문성 발달 모형을 살펴보아야 하겠다. 오헌석 등 (2006)의 연구에서는 가드너(Gardner, 1983, 1995)와 칙센트미하이(Csikszentmihalyi, 1988, 1996, 1999)의 체제모형과 펠드먼 등 (Feldman et al., 1994)의 비보편성 이론(nonuniversal theory)을 바탕으로, 개인적 요인과 재능 영역, 환경(분야) 간의 상호작용을 분석하였다. 특히 이 연구에서 주목할 것은 예술 인재의 전문성을 기르는 데 영향을 주는 개인 특성 요인과 더불어 사회·교육 제도의 영향을 분석하여 뛰어난 예술 인재를 기를 수 있는 현실적인 방법을 찾고 있다는 점이다([그림 1] 참조).

칙센트미하이의 체제모형(system model)은 개인(individual), 전문 영역(domain), 양육환경으로서의 분야(field), 이렇게 세 가지로 이루어진다. 전문성 발달을 제대로 이해하려면 개인뿐만 아니라 전문 영역과 분야 모두를 잘 알아야 한다. 더불어 세 가지 구성 요소 간의 상호작용 또한 고려해야 한다.

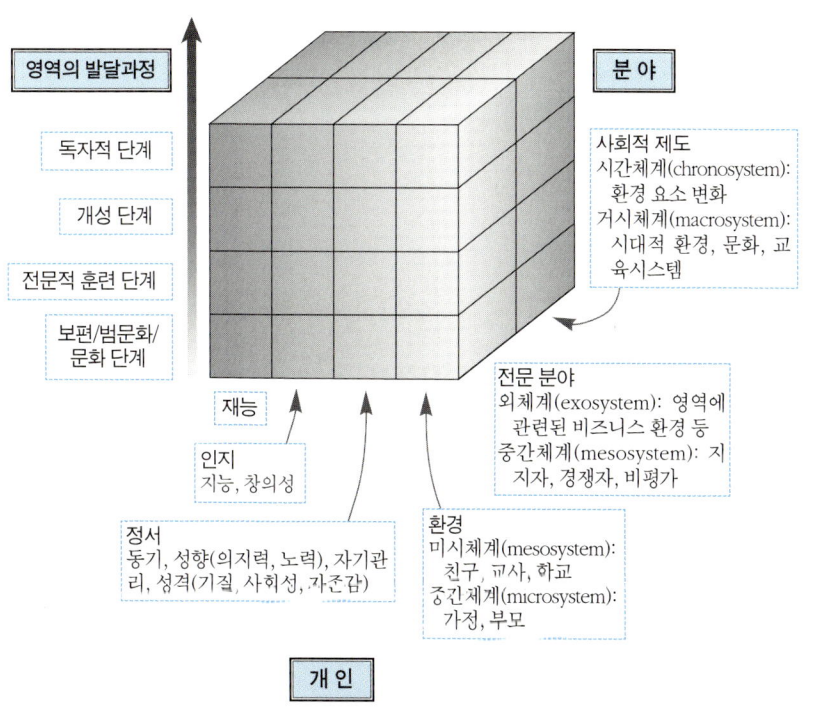

영역의 발달과정

독자적 단계

개성 단계

전문적 훈련 단계

보편/범문화/
문화 단계

분야

사회적 제도
시간체계(chronosystem):
   환경 요소 변화
거시체계(macrosystem):
   시대적 환경, 문화, 교
   육시스템

전문 분야
외체계(exosystem): 영역에
   관련된 비즈니스 환경 등
중간체계(mesosystem): 지
   지자, 경쟁자, 비평가

재능

인지
지능, 창의성

정서
동기, 성향(의지력, 노력), 자기관
리, 성격(기질, 사회성, 자존감)

환경
미시체계(mesosystem):
   친구, 교사, 학교
중간체계(microsystem):
   가정, 부모

개인

[그림 1] 전문성 발달 연구 틀

개인 개인은 '진공' 상태에서 자라는 것이 아니다. 주어진 환경을 통하여 성장하고 변화한다. 개인의 창조적인 잠재능력을 드러내는 데 직접적으로 영향을 끼치는, 보다 가까운 환경으로 부모, 가정, 학교 등이 있으며, 이는 개인 특성과 더불어 매우 중요한 '개인 배경'으로 불린다. 개인 배경은 개인의 발달에 있어 타고난 특성만큼 영향력이 있다.

전문 영역 전문 영역은 구체적으로 전문성이 발휘되는 음악 영역, 미술 영역, 과학 영역 등을 말한다. 개인이나 집단이 창의적으로 만들어 낸 산물, 정보, 작품이 전문 영역에 더해지면, 전문 영역에서는 이를 잘 유지하고 교육을 통해 후대에 전달한다.

분야 분야는 특정 전문 영역에서 활동하는 전문가 집단과 제도로서, 개인이나 집단이 만든 업적 가운데 가치 있는 것을 선택하고 전문 영역으로 통합시킨다. 특정한 전문 영역을 구성하는 데 영향을 미치는 집단의 예시로는 교사, 평론가, 편집자, 박물관 큐레이터, 재정적 지원을 할 수 있는 재단 등을 들 수 있다. 분야는 창의적 활동을 지원하고 이를 평가하고 인정하는 기능을 하며, 정치·사회·경제적 맥락마다 다른 특징을 지녔기 때문에 분야에 따라 독특하고 다양한 산출물이 나오게 된다.

상호작용　　개인이 작품을 생산하면, 분야에서는 그 가운데 새롭고 가치 있는 것을 선택해 전문 영역에 포함시킨다. 그리고 전문 영역에서는 이 새로운 정보를 저장하고 후대에 전달하는 기능을 한다. 즉, 상호작용은 '개인⇨분야⇨영역⇨개인' 의 도식을 따른다. 다시 말하면, 분야에서는 창의적이라고 판단되는 새로운 산물을 영역에 추가하고, 전문 영역은 이를 유지·전달함으로써 창의적 산물로 인해 바뀐 새로움에 대한 기준을 다시 분야에 제시하게 된다.

오헌석 등(2006)의 연구에서는 예술 전문성 영역의 발달과정이 아동기(보편/범문화/문화 단계), 학령기(전문적 훈련 단계), 성인기(개성, 독자적 단계)로 이루어진다고 본다. 아동기에는 재능 분야를 접하게 되고 자신의 재능을 스스로 깨닫고 재능 분야에 첫발을 딛는 결정적 경험을 하며, 이때 부모의 지지가 중요한 역할을 한다. 학령기는 개인의 잠재된 능력을 계발하고 발전시키기 위한 공식적인 교육이 시작되는 시기다. 성인기는 개성 단계와 독자적 단계로 나뉘는데, 개성 단계는 훈련된 재능을 전문 영역에 알리고 인정받는 시기로서, 전문 영역 내에서의 상호협력과 독특한 맥락을 이해하는 것이 필요하다. 이 단계에서는 전문 영역 내에서의 지지와 경쟁이 중요하며, 자신의 장단점을 깨닫고 장점을 극대화하기 위해 노력해야 한다. 마지막으로 독자적 단계는 최고의 전문성을 얻고 해당 전문 영역이 변화를 제공하는 단계로서, 이전 단계와 구분되는 중요한 업적을 남기게 된다.

재능 있는 인재 한 명의 전문성은 개인의 노력뿐 아니라 개인의 잠재력을 계발하고 전문 영역에 몰두할 수 있도록 하는 주변 환경(분야)에 큰 영향을 받는다. 즉, 개인적 수준을 넘어서 사회적 차원에서 전문성을 계발할 수 있도록 도와주는 지원 인프라(분야)를 만들어 주는 것이 개인이 예술전문가로서 역량을 발휘하고 전문성을 갖춘 인재를 계속해서 양성하는 데 필수 요소라고 볼 수 있다.

이 책에서는 재능 발달 모형을 바탕으로 장애예술영재 사례를 분석하여 제시하고자 한다. 예술영재성 발달에 영향을 미치는 개인적 요소에 대한 내용 역시 제시될 것이지만, 개인의 재능을 나타내고 키우기 위해 필수적인 전문 영역의 특성과 양육 환경 요소에 대해서도 강조점을 두려고 한다.

예술영재성 발달에 대한 환경적 요소를 분석한 결과, 대부분의 장애예술영재들은 일반 학교에서 통합교육을 경험하였다. 통합교육을 통해 이들은 일반 학생들과 친구관계를 맺고 일상생활 적응능력과 사회성 기술을 배우게 되었다. 그러나 대부분 특수교육지원이 충분하지 않아 교수 및 학습에서 어려움을 겪었으며, 조기에 학생의 예술적 재능을 파악하여 계발할 수 있는 교육지원시스템이 마련되지 않아 학생의 특성에 맞는 교육이 잘 이루어지지 않았다.

다행히도 대학에서의 장애학생지원은 점차 확대되는 추세이다. 특수교육대상자의 대학입학 특별전형제도가 실시되고 있으며, 대학에서의 장애학생지원이 법제화되었다. 또한 최근 장애인에 대한 사회적 관심이 증가하면서 관련 행사가 많이 마련되어 장애예술영재가 언론에 자주 소개되고 장애영재들도 각종 대회에 활발하게 참여하고 있다.

장애와 재능: 여덟 명의 장애예술영재 이야기

장애예술영재를 효과적으로 발굴하고 교육하는 방법을 찾기 위해 현재 성공적인 성취를 보이는 장애예술영재들의 발달과정을 추적해 보는 것은 도움이 된다. 특히 장애영재가 가진 성향과 능력뿐만 아니라 이러한 요인들이 수변환경과 어떠한 상호작용을 통해서 발달하는가를 다각도의 측면에서 심층적으로 살펴볼 필요가 있다.

이 연구에서는 앞서 김동일 등(2007)의 장애예술영재 정의에 따라 언론에 소개된 사례를 중심으로 음악 및 미술 영역에서 여덟 명의 장애예술영재를 선정하였다. 음악 영역에서 일곱 명, 미술 영역에서 한 명이 선정되었고, 이들의 연령과 장애 영역, 활동 분야는 다음 표에 제시한 것처럼 다양하다. 이들은 모두

이름(가명)	성별	연령대	장애 유형	재능 분야
이상우	남	40대	시각장애	클라리넷
김동영	남	30대	시각장애	바이올린
안종훈	남	20대	시각장애	성악
김지훈	남	20대	발달장애	피아노, 작곡
강민호	남	10대	발달장애	클라리넷
최진오	남	10대	발달장애	판소리
유은호	여	유아	시각장애	피아노
이민하	여	30대	청각장애	회화

「장애인 등에 대한 특수교육법」에 명시된 장애 분류에 해당하는 장애를 가지고 있으며, 전국 규모의 대회에서 입상하였거나 예술영재교육기관에 입학하는 등 그 영재성을 인정받았다.

이들의 생애 전반적인 발달과정을 심층적으로 파악하기 위하여 집중적인 면담을 실시하였다. 미리 작성된 질문지를 바탕으로 차례대로 질문이 이루어졌으며, 답변 중에 더 탐색할 부분에 대해서는 보충 질문을 하였다. 주요 면담 질문 내용은 크게 재능의 발견, 공식적/비공식적인 교육 경험, 가족과 교사 및 주변 인물들의 지원, 개인의 인지적/정서적 특성, 발달과정에서의 결정적인 경험과 어려움, 장애예술영재교육을 위한 제언 등이었다.

참여자의 의견을 충분히 반영하기 위하여 면담 시간에 제한을 두지는 않았으며, 면담은 장애예술영재에게 직접 실시하는 것을 원칙으로 하였다. 그러나 참여자가 너무 어리거나 인지적 장애가 있는 경우 정확한 면담 실시에 제한이 있을 것으로 판단하여 참여자의 주 양육자(어머니)에게 면담을 실시하고 참여자를 관찰하였다.

면담 내용은 공통적으로 나타나는 주제별로 범주화하여 제시하였다. 면담 내용의 정확성 확인과 부가적으로 발생하는 질문에 대한 답을 구하기 위하여 언론 및 방송 보도 자료, 인터넷 검색, 개인 홈페이지, 참여자의 저서 등을 이차 자료로 활용하였다.

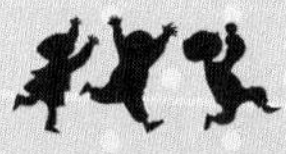

장애와 재능의
이중변주곡

어둠을 밝히는 클라리넷 연주

 책과 함께한 어린 시절

어린 시절 이상우 씨는 책을 좋아하는 아이였다. 하지만 눈으로 직접 책을 읽을 수 없었기 때문에 듣는 것으로 대신할 수밖에 없었다. 당시에는 오디오북이 없어서, 두 살 아래 동생에게 읽어 달라고 부탁하여 다양한 책들을 접하였다. 초등학교 5학년 때부터 『죄와 벌』, 『부활』, 『전쟁과 평화』, 『카라마조프 가의 형제들』과 같은 세계 문학 작품들을 읽기 시작하였고, 중학교 2학년 때까지 약 100여 권의 책을 읽었다. 그 후 중학교 3학년 때 오디오북이 생기고부터는 더 다양한 소설을 들을 수 있었다. 상우 씨는 이처럼 책을 많이 읽을 뿐만 아니라 공부도 잘하는 학생이었다. 초등학교와 중학교를 졸업할 때, 1등에게만 수여하는 시교육감상을 받기도 하였다. 또한 그는 음악이나 시등에도 많은 관심을 가지고 있었다.

🗃️ 시각장애인학교에서의 생활

상우 씨는 부산에서 부산맹학교를 3년간 다녔다. 하지만 가족은 진해에 있었기 때문에 초등학교 1학년 때부터 기숙사 생활을 하면서 주말에만 부모님을 만날 수 있었다. 초등학교 4학년 때 군인인 아버지를 따라 서울로 전학을 가게 되었지만 6학년 때 아버지가 진해로 발령을 받게 되어 다시 기숙사 생활을 시작하였다. 고등학교 1학년 때까지는 기숙사 생활을 하며 방학 때만 집에 갔으며, 2학년이 되어 아버지가 서울로 오게 되어 주말에 부모님을 만날 수 있게 되었다. 상우 씨에게 집에 가는 날은 무척이나 기쁘고 행복한 날이었다. 오랜 기숙사 생활에 빨래하기가 불편했으며 제대로 된 음식을 먹기도 힘들었다. 집에서 어머니가 해 주는 따뜻한 밥은 그 무엇과도 바꿀 수 없는 생활의 낙이었다. 기숙사에서는 보통 대여섯 명이 함께 생활하는데, 어느 주말에는 상우 씨만 혼자 남는 경우도 있었다. 그런 날에는 부모님 생각이 더 많이 났지만, 비싼 전화비 때문에 쉽게 집으로 시외전화를 걸 수도 없었다. 고등학교 이후에 부모님과 함께 서울에서 생활하게 되면서 어느 정도 마음의 안정을 찾게 되었다.

시각장애인학교에서 다양한 것을 배웠지만, 대학입시를 위한 교과 공부를 게을리 할 수 없었다. 1980년대에는 특례입학 제도가 없었기 때문에 장애인이 대학에 진학하는 일은 쉬운 일이 아니었다. 시각장애인학교에서는 인문교육보다는 직업교육에 비중을 두고 학생들을 가르쳤다. 상우 씨는 일주일에 열한 시간 동안 안마, 침, 의료 같은 직업 소양을 기르는 데 시간을 보냈다. 대학입학시험에 필요한 과목은 아니었지만 직업교육은 대학 입학 때 내신에 해당되었으므로 소홀히 할 수 없었다. 그는 직업교육과 대학입시 과목들을 동시에 공부하는 어려움을 다음과 같이 밝혔다.

침, 뭐 이런 거, 의료 계통 쪽 책 같은 거는 한 권을 다 외워야 했어요. 육법전서 공부하는 거랑 똑같아요. 달달달 외우고, 책 내용 중에 두 페이지를 모조리 쓰는 거예요. 토씨 하나 안 틀리고요. 베끼는 거죠. 그걸 쓰기 위해 일주일 전부터 이백 몇 페이지 되는 책을 외우는 거예요. 외우고, 다 쓰고 나면 싹 잊어 버려요. 그걸 잊어 버려야 또 공부해요. 계속 외우고 있으면 공부 못해요. 아니, 수학도 공부해야 돼, 국어도 해야 돼, 영어도 해야 돼, 정치, 경제…… 정신이 없는데…… 그런 걸 하면서 대학을 가야 했으니 정말 불행한 세대였어요. …… 시각장애인학교에서 공부한 것이 어떤 면에서는, 지금 뭐 내가 침을 놓거나 안마를 하지 않으니까 공부이긴 했지만 도움은 전혀 안 됐어요. 사실 그렇지 않겠어요? 그것 때문에 시간을 뺏기지만, 내신 성적은 따야 되니까 공부는 해야 되고 하나도 사용할 데는 없고……

대학입시를 1년 앞두고 그는 서울대학교 법과대학에 합격한 선배의 친구들로부터 공부에 도움을 받을 수 있었다. 그해가 시험 과목이 가장 많았던 때여서 여러 가지 과목을 공부해야 했는데, 그 과목들을 분야별로 나누어 배울 수 있는 좋은 기회였다.

클라리넷의 시작

상우 씨는 어렸을 때부터 클래식을 많이 듣고 자랐다. 음악을 좋아하던 상우 씨의 아버지는 베트남 전쟁에 참전한 후 값비싼 물건보다는 레코드를 선물로 많이 사 왔고, 덕분에 그는 여섯 살 때부터 다양한 클래식을 접할 수 있었다. 당시에 음악을 들을 때는 좋다, 싫다는 느낌보다 웅장한 소리가 나는 것이 좋았다. 성장하면서 그는 악기를 배우고 싶었고, 초등학교 1학년 때부터 피아노를 가르쳐 달라고 떼를 쓰기 시작하였다. 하지만 당시 피아노는 값이 비싸 아무나 배울 수 있는 악기가 아니었고, 주로 여자아이들이 배우는 악기라서 상우 씨의 부모님은 반대하였다. 하지만 무엇보다 큰 걸림돌은 시각장애인에게 피아노를 가르칠 수 있는 강사를 찾기 어렵다는 점이었다. 초등학교 4학년 때 서울로 전학을 온 그는 부모님과의 의논도 없이 현악합주부에 가입하여 3년 동안 바이올린을 배우게 되었다. 그러다 중학교 입학 후 드디어 클라리넷을 배우게 되었다.

나는 여섯 살, 일곱 살 때부터 차이코프스키를 들었어요. 음악이 좋고 싫고 그런 건 모르고, 그냥 소리가 나고 웅장한 소리

가 나고, 그런 게 좋았어요. …… 그런 걸 들으면서도 심포니 같은 데 나오는 클라리넷 소리가 좋았어요.

상우 씨가 처음에 클라리넷을 시작한 이유는 전공을 해야겠다는 결심 때문이 아니라 단순히 음악이 좋아서였다. 성당이나 교회에서 가을에 중·고등학생들이 모여서 하는 '문학의 밤'과 같은 작은 학예회를 통해 무대에서 몇 번 연주를 하게 되었는데, 이러한 과정을 통해서 그는 점점 클라리넷이라는 악기에 빠져 들게 되었다. 그리고 클라리넷을 전공하고자 하는 결심을 하게 되었다. 하지만 이 결심에 대해서 주변 사람들은 심하게 반대하였다. 어머니는 몸져누우셨고, 담임교사는 공부를 잘하는 학생이 속칭 '딴따라'의 길을 가려고 한다며 때려서라도 그의 결심을 막으려고 하였다. 때로는 앉아 있기 힘들 정도로 맞기도 하였다. 하지만 사춘기의 반항심 때문인지 주변에서 못하게 하니까 더 하고 싶어져서, 그는 계속 클라리넷을 전공하겠다는 결심을 굽히지 않았다. 그러다 결국 어머니와 성적을 떨어뜨리지 않는 조건으로 악기를 구매하게 되었다. 1979년에 40만 원의 악기 값은 일반 가정에서는 굉장히 큰돈이었다. 문제는 여기서 그치지 않았다. 전공 강사를 찾아서 레슨을 받고자 시도하였지만 레슨비가 너무 비싸서 선뜻 배우고자 결정하기가 어려웠다. 장애인이었기 때문이 아니라, 레슨비 자체가 비쌌다. 그런 와중에 인연이 닿아 클라리넷을 전공하지는 않았지만 레슨을 잘하는 좋은 강사를 만나서 거의 비용을 들이지 않고 배울 수 있게 되었다. 하지만 강사 역시 전공자가 아니었기에 한계가 있었다.

상우 씨는 고등학교 1학년이 되어 성적이 점점 떨어지기 시작하였다. 고등학교 3학년 때도 성적은 계속해서 떨어졌고, 그가 음악대학은 커녕 일반대학도 가기 어렵다고 주변 사람들은 걱정했다. 이때 대학교에 출강하는 전문가로부터 클라리넷을 배우기 시작하였다. 교사는 일반 학생들과 같은 레슨비를 받았지만 앞이 보이지 않아 왕래가 힘든 상우 씨를 위해서 특별히 집으로 레슨을 와 주었다. 또한 그는 악보를 볼 수 없는 상우 씨를 위해 레슨이 끝나면 악보를 불러 주며 점자로 된 악보를 찍을 수 있도록 도와주었다. 이렇게 좋은 스승의 도움을 받아 1년 동안 열심히 배워서 상우 씨는 결국 C대학교에 합격하게 되었다. 그는 이 당시 만들었던 점자 악보를 학생들을 가르치는 지금까지도 사용하고 있다.

📦 주변의 도움 없이 어렵게 보낸 대학 생활

상우 씨는 클라리넷 전공으로 네 곳의 대학에 원서를 넣고자 하였다. 하지만 여러 대학들은 장애인이라는 이유만으로 그의 원서를 접수받지 않았다. 합격한 C대학교도 원서를 쉽게 받아

준 것은 아니었다.

제가 대학 들어갈 때 원서를 네 군데에 들고 갔는데, 다른 대학들은 아예 원서를 안 받아 줬어요. '우리 학교에서는 너를 100% 안 뽑는다. 오케스트라를 할 때 지휘를 못 보니까. 아무리 잘 불어도 안 뽑는다.'라면서 원서를 받지 않았어요. 아예 서류를 안 받더라고요. C대학교도 그런 얘기를 하다가 마감 두 시간 전인가 귀찮으니까 놓고는 가라고, 접수는 시켜 주겠다고……. 그래서 들어간 거예요.

우여곡절 끝에 힘들게 C대학교에 합격하게 되었지만, 대학교는 시각장애인 예술가에게 호락호락한 곳이 아니었다. 그는 학교에 어떠한 도움도 일절 요구하지 않겠다는 각서를 쓰고 입학하게 되었다. 당시 장애인에 대한 처우가 어떠했는지 어느 정도 짐작할 수 있는 부분이다. 장애인은 대학 운영에 거추장스러운 존재였고, 만약 입학하고 싶다면 학교와 일반 학생들에게 어떠한 피해도 주지 말라는 것이 대학 관계자들의 생각이었다. 장애인의 복지에 대한 개념이 전혀 형성되지 않았던 것이다. 학교의 도움 없이 대학 생활을 한다는 것은 장애인인 그에게 쉬운 일이 아니었다. 우선 판서된 수업 내용을 필기하는 데 큰 어려움을 겪었고, 교재를 점자로 변환하는 것도 스스로 해결해야 했다. 기악과의 대표적인 수업인 오케스트라 수업은 일반 학생들은 출석만 제대로 하면 'A' 학점을 받는 과목이었다.

하지만 상우 씨는 혼자서 'C'나 'D' 학점을 받을 수밖에 없었다. 지휘를 볼 수 없었기 때문에 출석만 하고 2시간 내내 악기를 연주하지 못한 채 멍하게 앉아 있었다. 필수 과목이었으므로 꼭 수업을 들어야 했다. 당시에 그는 억지를 부려 대학교에 들어온 것이니까 'C'나 'D' 학점을 받는 것도 오히려 고맙다고 생각하였다. 장애인인 그 역시 당시에는 장애인이 특별한 복지 혜택을 받아야 한다는 것에 대해 깊이 생각하지 않았던 것이다.

심지어 어떤 일까지 있었냐면, 2학기에 무슨 수업이었는지 기억이 안 나는데, 논술시험이라 답지를 쓰려고 타자기를 들고 가서, 강의실 옆에 따로 빈 공간을 달라고 했어요. 한 교직원이 오더니 시험지를 들고 와서는 이래요. "너 한글로 이름은 쓸 줄 아냐?" "이름은 쓸 줄 알아요." "그러면 내가 담당 교수님한테 가서 'B' 정도 주라고 할 테니까 이름이라도 쓰고 가라." 자기 보고 답을 써 달라고 하는 줄 알고 귀찮았나 봐요. "아니, 교수님하고 얘기했는데 이 종이에는 못 쓰고, 문제를 읽어 주시면 제가 백지에 논술 내용을 타이핑해서 낼 테니까, 이 문제지에다가 선생님께서 이름하고 학번만 써서 스테이플러로 같이 찍어서 제출해 주시면 된다."라고 하니까 타자를 어떻게 하냐고 깜짝 놀라는 거예요. 그만큼 인식이 없던 때였어요.

이러한 어려움에도 불구하고 상우 씨는 열심히 공부하여 좋은 성적을 받았고, 첫 학기를 제외하고는 한 번도 등록금을 내지 않고 장학금을 받았으며, 수석의 자리를 놓치지 않았다. 그가 장애인임에도 불구하고 다른 일반인들과 비교해서도 뛰어난 성취를 보이자 장애인에 대한 학교의 인식이 많이 달라졌다. 상우 씨를 가르쳤던 몇몇 교수들은 장애가 있음에도 불구하고 자기 일을 잘한다며 그를 칭찬하기 시작하였다. 덕분에 졸업 후에도 강의를 할 수 있게 되었고 좋은 기회를 많이 얻을 수 있었다. 대학 생활을 회상하며 그는 지금의 장애인들의 대학 입학에 대해 다음과 같이 말하였다.

그 당시에는 교육적인 환경이 장애인에게는 아주 안 좋았어요. 지금은 많이 좋아졌는데 좋아진 만큼 공부하는 장애인들이 많이 늘어났잖아요. 그 사이에서 발생하는 경쟁도 있을 거고, 학교에서 그만큼 해 줬기 때문에 이 사람이 발휘하는 능력을 평가하는 데 대한 생각도 다를 수 있고……. 학교가 정원 외로 뽑아 줬고 따로 지원도 다 해 주고 점자센터에서 점역도 해 주고, 그런 식으로 받아들일 때와 학교에 아무것도 요구하지 않겠다고 각서를 쓰고 입학한 학생이 직접 자료를 다 점역하고 준비해서 어렵게 이겨나가면서 할 때가 객관적이거나 논리적이 아니더라도 심적으로 좀 다르게 받아들여지지 않을까 하는 생각도 좀 들고요. 그렇다고 해서 결코 그때처럼 어렵게 공부를 해야 되고 소수가 학교에 들어가야 한다는 생각은 절대 아니에요. 누구에게든 교육의 기회가 좀 더 많이 생겨서, 한 명이 들어가서 한 명이 잘되는 것보다는 열 명이 들어가서 그중에 한두 명이라도 잘되는 것이 오히려 나은 게 아닌가 하는 그런 생각도 들어요. 어쨌든 많이 좋아지고 있다고 생각은 해요.

🗝️ 유학을 통해 경험한 전문적인 장애예술교육과 끊임없는 노력

상우 씨는 C대학교를 졸업한 후에 더 많은 공부를 하기 위해서 미국의 P음악대학교로 유학을 떠났다. P음악대학교의 교수는 그의 학점을 보고 신기하다고 하였다. 다른 과목은 다 'A'나 'A+'인데 왜 오케스트라만 'C'나 'D'를 받았는지 궁금해하였다. 그래서 그는 C대학교에서 오케스트라 수업을 어떻게 받았는지를 설명하였다. 그러자 교수는 시각장애인에게 어떻게 비장애인처럼 오케스트라를 하라고 시킬 수가 있느냐고 하면서, 오케스트라는 석사과정에서 필수적인 과목이지만 타인과 함께 연주를 해 보는 것이 중요하기 때문에 있는 것이라고 지적하였다. 그러고는 다른 방식의 수업을 제안하였다. 상우 씨는 이러한 배려 덕분에, 지휘자의 지휘를 보고 연주를 해야 하지만 실질적으로는 전혀 할 수 없었던 오케스트라 대신 앙상블과 챔버 등으로 학점을 채우게 되었다. 앙상블과 챔버는 지휘가 없어도 다른 사람과 음을 맞춰 가는 연주 형태이기 때문에 그에게 문제가 되지 않았다. 그는 일반 학생들이 오케스트라 수업을 듣는 두 시간 동안 똑같이 챔버 연습을 별도로 하게 되었다. 이러한 과정을 통해 다른 사람과 함께 연주하는 능력을 향상시킬 수 있었다.

유학 시절에 가장 어려웠던 것은 학위논문을 쓰는 과정이었다. 한국인으로서 영어로 논문을 쓰는 것은 쉬운 일이 아니었으며, 점자로 모든 자료들을 점역하여 읽는 것은 매우 고통스러운 일이었다. 논문을 쓰기 위해 수집한 자료는 일반 자료로는 2,000페이지 가량 되었지만, 점자로 뽑으니 15배 정도 늘어

나서 3만 페이지가 되었다. 무려 200~300페이지 분량의 책 100~150권과 맞먹는 양이었다. 그가 점자로 된 책 한 권을 읽는 데는 보름 정도가 걸렸다. 이런 식으로 계속해서 책을 읽고 정리를 하다 보니 잠도 못 자고 나중에는 귀까지 들리지 않는 정도가 되었다. 상우 씨가 장애인으로서 일반인도 하기 힘든 이런 일을 성취한 것에는 어렸을 때부터 많은 책을 읽었던 것이 큰 도움이 되었다.

장애에 대한 수용은 포기

상우 씨는 장애에 대한 수용은 포기라고 생각한다. 그래서 몇몇 장애인들이 장애가 있기 때문에 '행복하다.' '감사하다.' '기쁘다.' 라고 말하는 것은 믿을 수 없다고 했다. 그는 사춘기 때 자신이 가진 장애에 대해 불만을 가지고 고민하였다. 장애를 받아들이지 못해서 심지어 자살하려는 생각까지 한 적이 있을 정도로 굉장히 힘들게 사춘기를 보냈다. 성인이 된 지금도 그의 가장 큰 소원은 여전히 볼 수 있게 되는 것이다. 그는 볼 수만 있다면 손수레에 사과를 싣고 팔고 다녀도 행복할 것이라고 말한다. 어떤 면에서는 수용을 못하는 것처럼 보일 수 있지만 상황을 변화시킬 수 없다는 것을 알기 때문에 포기하게 되는 것이라고 설명하였다. 이제는 앞이 보이지 않는다고 말하고 먼저 도움을 요청할 수도 있게 되었다.

　나는 도저히 어찌할 수 없는 상태가 되었는데 그것을 받아들이지 않고 그것에 계속 매달려서 밖에 나가는 것도 싫어하고, 남이 나를 장애인으로 보는 것도 싫고, 내가 남한테 어떻게 보일까를 걱정하고…… 하지만 그런 것이 나한테 득이 안 되고 너무 손해가 되는 거예요. 그래서 안 되는 건 포기하고 일단 내가 해야 할 일을 하자. 그래서 지팡이를 짚고 학생들을 가르치기 위해 학교에 가기도 하고, 지팡이를 짚고 지하철도 타러 가고, 지팡이 짚고 소주도 사러 가고, 지팡이 짚고 다니며 모르면 묻고, 나는 안 보이는 사람이다 얘기하고, 택시 같은 것 탈 때도 타자마자 얘기해요. "기사님, 저 안 보이는 사람이니까 어디쯤 가면 말씀해 주세요. 그러면 길을 알려 드릴게요." 이렇게 미리 말을 한단 말이에요.

　상우 씨는 장애를 수용하는 데 있어 자기의 장애 정도를 객관적으로 인식하는 것이 중요하다고 말한다. 자신이 어떤 장애를 가지고 있고, 그 장애가 현실적으로 어느 정도의 장애인가를 정확히 깨달아야 그것을 충분히 수용할 수 있다고 한다. 즉, 장애에 대해 억지로 감사하고 기뻐하기보다는 자신의 현실을 정확히 인식하고 버려야 할 부분에 있어서는 분명히 포기하는 것이 수용의 가장 중요한 요소라는 것이다.

🎴 장애인 예술가로서의 어려움

　시각장애인들은 다른 어떤 장애 영역보다 음악을 좋아하며 또한 잘한다. 보지 못하기 때문에 청각 등의 감각들이 비장애인들에 비해서 좀 더 발달된다. 하지만 많은 시각장애인은 전문적인 영역으로 나아가지 못한다. 왜냐하면 시각장애인들은 음악 공부를 하는 데 악보를 보지 못한다는 가장 큰 결점이 있기 때문이다. 악보는 소리를 기호로 나타낸 것이기 때문에 일반 책을 점역하는 것보다 더 어렵다. 실제로 점자로 제작되어 있는 악보는 전체의 약 10%에 불과한데, 이 조차도 거의 피아노 악보에 국한되어 있다. 피아노 악보도 일반적으로 많이 치는 바이엘, 체르니, 베토벤과 같은 악보집은 있지만, 전공생들이 보는 리흐마니노프와 같은 전문 곡은 장애인 스스로 점역을 해야 한다. 결국 초보자를 위한 악보들밖에 존재하지 않는 것이다. 특히 클라리넷은 점자로 된 악보가 전혀 존재하지 않았다. 상우 씨는 클라리넷 악보를 점역하기 위해 교사가 불러 주면 받아 적고 음을 외워서 연습하였다. 그는 시각장애인이 음악을 할 수 있으려면 악보에 대한 점역이 무엇보다 시급하다고 말하였다. 또한 실제로 조직적이고 제도적인 지원을 받게 된다고 하더라도, 그 악보를 필요로 하는 사람이 적으면 오히려 열람하기 어렵기 때문에 결국엔 개인적인 지원이 필요할 것이라고 하였다. 특히 전문적인 영역으로 갈수록 이러한 문제는 더욱 심각해진다.

저 같은 경우도 클라리넷을 공부한 사람은 저 혼자잖아요. 미국의 경우는 네트워킹이 잘 되어 있지만, 미국의 P대학교 출신 시각장애인으로서 클라리넷 박사학위를 받은 사람은 한 명밖에 없어요. 그만큼 전문적인 부분으로 갈수록 더 제한적이 되고, 시각장애인들이 음악을 많이 하지만, 전문적인 부분은 많이 어렵다는 거죠. 미국에서 공부할 때도 악보 문제 때문에 힘들었어요.

시각장애인 예술가의 또 다른 어려움은 전문 분야를 공부하기 위한 인문학적인 소양을 쌓기가 쉽지 않다는 점이다. 공부하지 않은 음악을 새로 분석하려면 그에 대한 자료는 물론 작가의 생애나 스타일에 대해서도 알아야 한다. 상우 씨는 이러한 인문학적 기반을 다지는 데 시각장애는 엄청난 장애가 된다고 말하였다. 점역하는 것도 문제지만, 점역하여 15배로 분량이 늘어난 점자책을 읽는 것도 큰 문제다. 연주하는 데 듣는 귀가 매우 좋아 듣고 바로 연주하는 감각은 보상적으로 득이 되지만, 인문학적인 소양을 위해서 비장애인들보다 몇 십 배 이상의 노력을 해야 한다고 지적하였다. 이러한 점 때문에 예술적인 재능이 전문적으로 계발되지 못하고 잔재주로 머무는 경우가 많다. 작곡에서도 마찬가지다. 눈을 감고 다양한 심상을

40 장애와 재능의 이중변주곡

떠올리고 구성할 수는 있지만, 시각장애에 따른 여러 가지 기반 여건의 부족으로 직업으로 삼는 데는 어려움이 따른다.

철자법이나 문장 구성을 하는데 아무런 장애가 없는 사람은 기승전결을 짜고 주인공을 설정하고 주요 등장 인물의 특성을 살려 소설을 쓰잖아요. 그런 식으로 음악은 화음을 집어넣고 클라리넷은 이렇게, 피콜로는 저렇게 그려야 한다는 내용을 눈 감고도 할 수 있는 사람들이 모티브를 정하고 발전시켜서 만드는 거예요. 그런데 기본적인 교육을 받지 못했을 때는, 반짝 떠오르는 착상 같은 것으로 세계대회에서 이길 수도 있지만, 결국은 기본적인 데생이나 스케치 같은 게 안 된 사람이 그걸 가지고 평생의 직업으로 삼는다는 것은 불가능해요. 그런 것을 뒷받침해 주는 기초가 인문학적인 교육인데 그 교육을 받는 데 많은 문제가 있다는 거죠.

장애인 예술가들의 또 다른 문제는 진정한 직업인이 되지 못한 채 상품성에 의해서 평가받는다는 점이다. 장애인 예술가들은 때때로 사람들에게 자신이 장애인임을 보여 주기 위해 인위적인 행동들을 강요받고, 그것을 통해 상품성을 부여받아 일반인들에게 감동을 주고 과장된 평가를 받는다. 상우 씨 역시 이러한 사회적 분위기에서 벗어날 수 없었다.

그래서 저 같은 경우에 제가 2년 전에, 지금도 그 얘기를 들었을 때의 모욕감이 생각이 나는데, 지금은 매니저를 하지 않지만 당시에 매니저를 하던 친구가 "선생님은 무대에 나올 때 지팡이를 짚는 것도 아니고 겉모습에서 안구가 없는 것도 아니라서 무대 위에 조명이 다 들어오는 데 앉아 있으면 맹인 티가 안 나니까 선글라스를 끼세요."라고 하는 거예요. 그래서 회의를 했어요. 디렉터 선생님이 "우리가 하는 이 콘서트는 장애를 딛고 성공을 이룬 장애인 음악가들의 연주를 들려주는 것 아닙니까. 나도 지팡이를 짚고 노래를 부르니까, 거기에 대해서 기분 나쁘게 생각하지 말고 선글라스를 끼도록 해요."라고 말했죠. 결국 선글라스를 끼고 연주를 했어요.

상우 씨는 평상시 오케스트라와 협연을 할 때 절대 선글라스를 끼지 않는다. 무대에서 그는 장애인이 아니라 클라리넷 연주가이기 때문이다. 하지만 앞서와 같은 상황을 겪으면서 많은 혼란을 겪었다. 장애인 음악가보다는 클라리넷 연주가로 기억되고 싶은 바람이 더 컸기 때문에 그는 수많은 갈등과 고통이 있었다고 말하였다.

💼 든든한 후원자였던 한 명의 교사

상우 씨에게는 지금까지 도움을 주는 든든한 후원자가 있다. 그가 이런 평생의 조력자인 선생님을 만난 것은 고등학교 3학년 때다. 시각장애인들은 눈을 못 마주치기 때문에 인사를 잘 못하고 사회적인 활동에 많은 제약이 있다. 그래서 대다수의 시각장애인들이 무뚝뚝하고 불만에 가득 차 있다는 평가를 받기 쉽다. 다행히 상우 씨는 표정이 밝았고 다른 사람을 만나면 적극적으로 이야기하는 편이었기 때문에 선생님과 처음 만났을 때 쉽게 친해질 수 있었다. 선생님 또한 처음에는 시각장애인에 대한 편견을 가지고 있었지만 상우 씨를 만나면서 놀라기도 했고 적극적인 모습에 흐뭇함을 느꼈다. 상우 씨의 은사님은 "상우를 처음 봤을 때 너무 놀랐다. 가르치러 다니면서도 상우의 밝은 모습 때문에 기뻤다. 지금도 그런 첫 느낌이 그대로 남아 있다."라고 당시의 모습을 회상했다. 상우 씨는 유학을 갔을 때도 선생님의 도움을 많이 받았다. 가장 큰 어려움이었던 악보 점역도 그의 도움을 받아서 해낼 수 있었다.

저 같은 경우는 아주 고마운 은사님이 계시는데, 그분은 제 미국 유학이 결정된 다음, 새벽 두시까지 저와 전화 통화를 하면서 점자 악보를 배워서 제가 미국에 있는 동안 한국에서 악보를 만들어 보내 주시겠다고 하셨어요. 그분이 없었으면 공부하기가 불가능했을 만큼 제게 정말 특별한 분이세요. 행운이고 축복이고 그렇죠. 그런 부분이 갖추어지지 않은 사람의 경우, 아주 기초적인 영역은 되지만 전문가들이 하는 전문 분야에서는 무리가 있을 거라는 생각이 들어요.

장애예술영재교육의 문제점과 대책

장애예술영재교육의 가장 큰 문제는 앞서도 언급했듯이 글쓰기다. 어떠한 학문이든지 일정한 수준에 도달하면 글로 자신의 생각을 표현할 수 있어야 한다. 하지만 장애 때문에 기본적인 학습을 하지 못했으므로 논리적이지 못하여 자신의 생각을 글로 쓰는 데 어려움이 있다. 기초적인 산술 문제를 못 푸는 장애인들은 문제 자체를 이해하지 못하고 그 논리를 파악하지 못해서인 경우가 많다.

상우 씨는 장애예술영재교육을 무상으로 하는 것은 크게 의미가 없다고 말한다. 장애인이기 때문에 예술교육에 돈이 더 드는 것이 아니라 예술교육 자체가 돈이 많이 드는 분야이기 때문이다. 장애를 떠나서 예술 분야의 영재들을 지원해 주어서 국가적으로 키우자는 이야기이지 장애하고는 상관이 없다는 지적이다. 오히려 예술적 재능이 있지만 장애를 가지고 있기 때문에 그 재능을 발휘하지 못하는 경우가 생기지 않도록 도와주는 것에 초점을 맞춰야 한다. 예를 들면, 시각장애 학생들을 위해 악보를 공급하거나 청각장애 학생들에게 수화 통역을 할 수 있는 보조교사를 지원해 주는 등의 노력이 필요하다. 장애가 있더라도 좋은 교사에게 제대로 된 교육을 받고, 비장애인들이 가는 길을 그대로 가면서 장애인에게 부족한 부분들을 보충해 주는 도움이 필요한 것이다. 장애로 인한 불편 때문에 빼앗기는 많은 시간을 비장애인 학생과 마찬가지로 공부하는 데 사용할 수 있도록 해야 한다. 그러므로 이와 같은 지원을 통해 장애에 따른 결핍이 없도록 해 주어야 한다.

영재와 신동은 기대가 큰 만큼 세월이 지나면서 제자리를 찾지 못하는 경우가 많다. 장영주, 장한나와 같은 신동이 지금도 찬사를 받는 것은 연륜이 쌓이면서 음악적으로 발전을 하고 있기 때문이다. 어렸을 때 영재라는 소리를 많이 듣는다고 하더라도 지속적으로 음악적인 성취를 이루지 못하면 사회로부터 도태되어 변변치 않은 길을 걷게 되는 경우가 많다. 영재가 모두 대가가 되는 것은 아니라는 것이다. 결국은 영재 스스로의 노력과 인내로 대가가 되는 것인데, 장애인의 경우는 이러한 상황이 더욱 심각하게 나타난다. 상우 씨는 장애예술영재를 바라보는 시각이 마치 '서커스'와 같다고 지적한다. '장애를 가지고 있는데 어떻게 저렇게 연주를 잘할 수 있는가?'와 같이 늘 장애라는 단서가 붙는다. 예술영재를 발굴하는 것도 중요하지만 예술영재가 적절한 교육을 받을 수 있도록 잘 갖춰진 지원 체계가 반드시 필요하다. 장애인이라는 기준에 맞춰서 교육을 받으면 결국 예술가가 아니라 '장애인' 예술가로 남을 수밖에 없는 것이다.

장애인 기준에 체계를 맞추면 결국은 장애인 분야에서밖에 일을 못해요. 지금 시각장애인학교 내에 음악전공과를 운영하는 것처럼요. 많은 분이 문의했을 때 제가 계속해서 반대해 온 이유는, 그러면 거기를 나와서 도대체 뭘 할거냐 이거죠. 음악이라는 것이 장애인 음악 따로 있고 비장애인 음악 따로 있는 게 아닌데 말입니다. 그러니까 일반대학교를 가서, 그렇다고 요즘 일반대학교 들어가는 게 어려운 것도 아니고…….

장애인 음악가가 일반적인 음악가의 수준에 미치지 못하고 형편이 없다면, 이는 '예술가'가 아니라 '장애인 예술가'가 되는 것이다. '실력은 없지만 장애를 가지고도 음악을 하는군.'과 같은 식의 감동을 이끌어 내는 상업적인 수준에 머무를 수

밖에 없는 것이다. 장애인이 예술가로서 직업적인 성공을 거둘 수 있으려면 다른 예술영재와 다름없는 교육을 받을 수 있도록 지원해 주어야 한다.

상우 씨는 장애예술영재에 대해서 지나친 분리교육을 시키는 것은 문제가 있다고 지적한다. 아무리 예술영재라고 하더라도 아주 어릴 때부터 전문가에게 레슨을 받지는 않는다. 그는 시각장애를 가지고 있다면 예술적 잠재력이 있더라도 똑같이 시각장애인학교에 가서 시각장애인으로서 살아가는 데 필요한 기본적인 부분들을 배워야 한다고 말한다. 점자를 배우고 지팡이로 보행하는 법을 배우며, 책을 읽을 줄도 알고 악보를 볼 줄도 알아야 한다. 비장애인들이 일반 초등학교에서 국어와 수학을 배우면서 기본적인 인지를 발달시키듯이 시각장애인으로서 꼭 배워야 할 것들이 있기 때문에 아무리 예술영재라도 그러한 교육은 받아야 한다. 그러고 나서 어느 정도 성장한 후 레슨을 받고 유명한 예술중·고등학교에 진학하여 실질적인 예술에 대한 전문성을 함양하면 된다. 장애예술영재이기 때문에 특별하게 분리교육을 하는 것이 아니라 배울 것은 배울 수 있는 기회를 제공해야 한다.

일반적인 아이들처럼 음악 수업도 듣고 음악 이론도 배워야 해요. 음악 수업을 듣고 음악 이론을 배우는 데 책이 없다면 누군가가 시각장애인이 볼 수 있는 점자로 점역을 해 주어야죠.

예를 들어, 악보는 수업 때마다 그때그때 나오는데 시각장애인이 그것을 바로 활용할 수 있는 것이 아니니까 선생님이 미리 일주일 전에 도우미 선생님한테 점역을 시켜서, 학생이 하루이틀 전에 점자악보를 보고 수업에 참여할 수 있도록 하는, 그런 시스템을 만들어 주는 게 옳은 거죠. 그런데 영재라고 발굴을 해서 전부 다 어디 조그만 학교에 집어넣은 채 다른 것은 안 가르치고 시각장애인, 청각장애인을 가르칠 수 있는 음악 선생님이 음악만 죽어라 가르쳐서 그런 아이들을 열 살, 열한 살에 키싱 같은 연주자로 만들겠다는 것은 말이 안 되는 거죠. 접근이 잘못된 거예요.

분당에 있는 한 대학병원의 로비, 흥겨운 바이올린 선율이 지나가는 사람들의 발걸음을 붙잡는다. 바이올린을 연주하는 사람은 올해로 2년째 병원에서 자선 공연을 하는 김동영 씨다. 태어나자마자 백내장을 앓으면서 수십 차례 병원을 드나들어야 했던 그는 누구보다 환자들의 마음속 고통을 이해하고, 자

신이 가진 재능으로 환자들을 따뜻하게 위로해 주고 싶다는 생각에 자선 공연을 시작하게 되었다고 한다. '타고난 감성과 정확한 테크닉을 구사하는 최고의 바이올리니스트'라는 평가를 받는 동영 씨의 연주는 마치 자신의 희망을 다른 사람에게 나누어 주는 듯하여 더 아름답게 들린다.

늘 음악과 함께

김동영 씨는 음악을 좋아하는 부모님의 영향으로 어렸을 때부터 늘 음악을 가까이하며 자라났다. 베트남전 참전 용사였던 그의 아버지는 귀국하면서 전축을 사 왔고, 음악감상실이나 집에서 클래식 음반을 듣는 것이 취미였다. 그의 어머니 역시 어릴 때부터 피아노를 연주하였는데, 피아노를 배우기 위해 시골 집에서 한 시간 거리에 있는 교회에 매일 걸어 다녔다고 한다. 이러한 부모님 덕분에 그는 자연스럽게 음악을 접할 수 있었으며, 눈이 보이지 않았기 때문에 소리 나는 장난감과 악기에 많은 관심을 보였다.

우리 아버지 취미가 음악감상실에 다니는 거였어요. 베트남전에 갔다가 전축을 사 오셔서 틀어 놓고 듣고는 하셨죠. 저희 어머니도 어릴 때부터 취미로 피아노를 치셨어요. 시골에서 피아노를 배우고 싶어서 교회까지 한 시간도 넘게 걸어가 피아노를 배우고 오고 그러셨대요. 결혼해서는 집에 전축이 있고 아기를 낳았으니까 매일 틀어 놓았죠. 제가 어릴 때부터 눈이 잘 안 보이고 그러니까 듣는 쪽으로 자연스럽게 많은 관심이 쏠렸어요. 돌 무렵부터는 스스로 판을 꺼내 틀어 달라고 그랬대요. 장난감도 소리 나는 장난감을 좋아하고, 장난감 피아노가 있었는데 그걸 두들겨 가지고 노래 같은 거 치고, 그러니까 부모님 입장에서는 '얘가 음악적인 재능은 있는 것 같은데 어떻게 가르쳐야 되나.' 하고 고민을 많이 하셨죠.

동영 씨는 여섯 살 때, 유치원에 있던 바이올린부에서 처음으로 바이올린을 접하게 되었다. 바이올린을 단체로 배우다 보니 자세나 기술들을 세세하게 지도받을 수 없었고, 또한 악보를 볼 수 없어 이미 알고 있던 간단한 동요를 연주하는 수준에 그치고 말았다. 그마저도 1년 만에 바이올린부가 없어져서, 틈틈이 장난감 삼아 바이올린을 연주하는 것으로 시간을 때우고는 하였다.

본격적으로 바이올린을 잡다

동영 씨는 선천성 백내장으로 왼쪽 눈은 실명 상태고 오른쪽 시력은 0.01 정도다. 흐릿하게나마 물체의 형태만을 겨우 어림

짐작하는 수준이어서 책을 보거나 공부를 할 때는 확대경으로
책을 가까이 대고 봐야 한다. 기초 학습으로 구성되어 있는 초
등학교 과정은 별다른 어려움 없이 따라갈 수 있었고 성적도
좋은 편이었다. 그러나 수학에서 복잡한 수식과 단위들을 배우
게 되면서부터 글자를 구분하는 것이 힘들어져 학습에 어려움
을 겪게 되었다.

제가 아예 안 보이는 게 아니라 조금 보이니까 확대 렌즈를
가지고 공부를 했는데, 그래도 초등학교 저학년 때는 우등상도
받고 교과서를 한 번만 읽으면 점수를 잘 받을 수 있었거든요.
잘 안 보이는 사람들은 특별히 암기력이 발달하는 것 같아요.
위치 등 여러 가지가 머릿속에 체계적으로 잡혀 있어야 생활하
는 데 도움이 되니까 자연스럽게 암기력이 발달하는 것 같아요.
그래서 교과서를 한 번 읽으면 그다음에는 몇째 줄에 무슨 단어
가 있는지도 다 기억하고 그랬어요. 그런데 공부를 점점 못하게
된 건 수학에서 세제곱이 나올 때부터였어요. 제곱은 숫자 위에
점이 있으면 이게 제곱이구나 하고 넘어가면 되는데 나중에 세
제곱이 나오니까 점이 3이 됐다가 4가 됐다가 하는 거예요. 칠
판을 못 보니까 문제 풀기도 어렵고 참고서는 글씨가 작아서 거
의 그림만 봤어요.

그러던 중 초등학교 5학년 때 바이올린 개인 지도를 받을 수
있는 기회가 생겼다. 당시 아버지의 수입이 많지 않아서 생활

이 힘든 시절이었으나 부모님은 그가 좋아하고 잘할 수 있는 것을 하도록 적극적으로 도와주었다. 집안 형편도 넉넉하지 않고 음악교육을 전문적으로 시켜본 적도 없었지만, 부모님은 동영 씨가 "어느 부모님보다도 더 나를 아껴주셨다."라고 말할 정도로 그에게는 헌신적이었다. 특히 어머니는 눈이 좋지 않은 동영 씨가 악보를 보고 외울 수 있도록 달력 뒷면에 악보를 일일이 크게 그려 주었는데, 이 일을 그가 대학을 마치고 유학을 갈 때까지 계속하였다. 이러한 부모님의 지지에 힘입어 동영 씨는 고등학교 때부터 진로를 바이올린으로 결정하게 되었다.

초등학교 5학년 때 바이올린 개인 지도를 받을 수 있는 기회가 생겼어요. 그런데 문제가 하나 있었죠. 공부는 확대경으로 들여다보며 하면 되는데 바이올린은 악보를 놓고 멀리서 연주를 해야 하니까 그게 불가능한 거예요. 방법을 고민하다가 한번은 어머니가 달력 뒷면에다가 검고 굵은 매직펜으로 악보를 크게 그려 보셨어요. 그런데 제가 그것을 보며 바이올린을 잘 연주하더란 말이죠. 그래서 그때부터 제가 유학을 갈 때까지 10년이 넘도록 우리 어머니는 제 악보를 그리셨어요. 세상에 하나밖에 없는 악보였죠. 동네에서 연말이면 집집마다 우리 집에 달력을 걷어다 주었어요. 그러면 산더미처럼 달력이 쌓이는데 그것이 1년 치죠. 어머니가 악보를 밤늦도록 그리시고 저는 한 장 한 장 받아서 눈에 가까이 대고 외워서 그렇게 바이올린을 배웠어요. 어머니는 아프실 때도 제가 공부를 해야 하니까, 억지로 일어나셔서 악보를 그리시고는 했어요.

중학교 3학년 때 사춘기가 왔는데, 그전에는 별생각 없이 부모님 사랑을 잘 받았고, 물론 친구들이 왕따도 시켰지만 그래도 전 나름대로 혼자서 잘 놀았어요. 책 보고 음악을 들으며 혼자서도 잘 지냈는데, 사춘기가 되니까 인생에 대해 굉장히 심각해지잖아요. 그러는 와중에 집안 형편도 안 좋아져서 바이올린을 쉬었어요. 쉬게 되니까, 하지 말라고 하면 더 하고 싶은 생각이 들잖아요. 가장 힘든 시기에 그래도 제게 가장 가까운 게 바이올린이더라고요. 내 마음을 좀 알아주는 것 같고 감정을 넣어서 연주를 하면 얘가 내 마음을 뭔가 알아주고 그런 느낌이 들어서 바이올리니스트가 되어야겠다는 생각이 그때야 비로소 들었어요. 그래서 고등학교 진학하면서 부모님한테 진지하게 음악을 전공하고 싶다고 이야기를 했죠. 그랬더니 부모님도 고등학교 공부는 양도 많은데 그 책을 다 읽어서 남들하고 싸우는 건 도저히 불가능하니까, 그럼 열심히 할 거 약속하고 시작해 보자고 하셨죠. 그래서 정식으로 고등학교 때부터 전공을 하리라 결심하게 됐어요.

동영 씨가 대학입시를 준비하던 당시는 제5공화국 초기의 과외교육 금지 조치에 따라 바이올린 개인 레슨을 받을 수 없는 상황이었다. 그러나 악기 교육에서 개인 레슨은 필수적이었기 때문에 집안 형편이 어려웠지만 몰래 과외를 받으며 음악 공부를 계속하였다. 처음 동영 씨를 가르치게 된 교사들은 눈이 보이지 않는 그를 어떻게 가르쳐야 할지 몰라 당황했으니 성실하게 교육을 받고 그날의 분량을 정확하게 소화하는 그의 모습을 보고 여느 학생과 다름없다는 것을 느끼게 되었다.

바이올린 레슨은 대학생한테 받다가 나중에 대학 교수님한테 몰래몰래 받았어요. 그런데 형편이 어려워서 레슨도 일주일에 한 번, 2주에 한 번 그랬죠. 근데 그 시절에 저희 아버지가 수입이 많지 않아서 레슨을 한 번 받아도 저희 집 생활은 굉장히 힘들었어요. 저를 가르치신 분들이 처음에는 눈이 안 보인다고 하니까 걱정을 하셨는데 악보도 다 외워 오고, 또 설명하거나

가르치거나 하면 제가 잘 받아들이니까 별로 문제없이 레슨이
진행되었어요. 나중에 콩쿨에 나가서 좋은 성적도 거둬 오고
했죠.

🧰 대학 생활, 그리고 7년 반의 독일 유학

동영 씨는 일반 초등학교를 졸업하고 약시학급이 설치된
Y중·고등학교를 다녔다. 약시학급에서는 교실 조명을 밝게
한다거나, 활자가 큰 교과서를 제공하는 등 저시력을 가진 학
생들에게 필요한 지원을 해 주었다. 그러나 그가 대학을 입학
할 당시에는 고등교육에서의 장애학생지원에 대한 인식 수준
이 높지 않았기 때문에, 공부를 하거나 대학 생활을 할 때 시각
장애에 따른 어려움은 모두 스스로 감당해야 할 몫이었다.

대학교 때 책 읽고 보고서를 써 오는 과제가 많잖아요. 책을
읽고 무언가를 쓰는 것이 저한테는 장애였죠. 다른 학생들은
10장짜리 보고서 과제를 받으면 한문까지 섞어 쓰며 20장을 빼
곡히 채워 오는데, 저는 보고서 용지의 줄도 잘 안 보이니 어떡
하겠어요. 큼직큼직하게 띄어쓰기해서 내고 그랬죠.

대학에서도 바이올린을 연습할 때 가장 큰 문제는 역시 악보
였다. 이제 훨씬 길고 난해한 곡을 연주하게 되면서 어머니가

악보를 그리며 밤을 새는 횟수도 많아졌다. 장애인에 대한 배려가 부족하여 혼자 공부하기에 어려움이 많았지만, 동영 씨는 장애인이라고 특혜를 받는 것이 싫어 남들과 똑같이 연주에 참여하였고, 그러기 위해 보이지 않는 곳에서 더 노력해야 했다.

대학교에서 공부하는 교향곡 같은 것은 한 시간이 넘고, 악보 분량이 엄청나요. 학교 오케스트라에서 연주할 곡의 악보가 보통 우리가 연습하는 책만한 크기로 나온 거예요. 어머니와 저는 일주일 동안을 악보를 그리고 외워서 학교에 갔어요. 설마 사람들이 제가 그것을 할 거라고 생각했겠어요? 그렇게 지독하게 일주일을 밤을 새워 연습해 갔더니 다들 신기해했죠. 지휘 선생님도 나를 일으켜 세워서 시범해 보라고 할 정도로 열심히 연습해 갔었죠. 제 스스로가 학교에서 어떤 특혜를 받는 것을 뭔가 수치스럽게 생각한 부분도 있었고, 또 분위기상으로도 '네가 하면 얼마나 하겠냐.'라는 식으로 의심스럽게 보는 시선늘 때문에 '난 남들과 똑같이 할 거다.'라는 오기가 생겼던 것 같아요. 다른 공부에서 도저히 따라가지 못하니까 악기로 하는 것만이라도 열심히 남들 못지않게 하겠다는 마음이 있었던 것 같아요.

대학 4년을 마치고 동영 씨는 대학교 은사의 영향을 받아 미국으로 유학을 가고 싶었다. 그러나 당시 집안 사정으로는 엄두도 못 낼 정도로 비싼 학비 때문에 망설이고 있었는데, 아버지마저 갑자기 돌아가셔서 유학의 꿈을 접고 학원 강사 생활

을 시작하였다. 그러던 중 독일에서 유학 생활을 하던 친구의
권유로 그는 독일 유학길에 오르게 되었고 7년 반의 힘든 유학
시절을 보냈다.

제가 유학가기 전 해에 아버지께서 갑자기 돌아가셔서 유학
의 꿈을 접고 학원 강사를 하고 있었어요. 그런데 독일에서 유
학 중이던 친구가 느닷없이 전화를 해서 공부하러 오지 않겠냐
고 권하더군요. 독일은 학비도 싸고 대중교통 시설도 잘 되어
있는 편이라, 어머니한테 "변변치 않은 거라도 학위를 따서 올
테니 제발 2년만 도와 달라."라고 부탁했어요. 그렇게 독일 유학
을 가서 7년 반 있다가 돌아왔죠. 대학 시절도 힘들었지만 유학
시절은 다시 돌아가라고 하면 절대로 가기 싫을 정도로 힘들었
어요. 밥도 거의 굶다시피 해 가면서 힘들게 공부를 했어요. 독
일어를 배우는 것도 고역이었고요. 사전의 글씨가 작아서 보이
지 않으니까 단어를 빨리 배울 수가 없었어요. 그리고 언어도
잘 못하는데 다른 사람의 표정이나 몸짓 등을 보지 못하니까 대
화가 원활하게 이루어지지도 않았고요.

동영 씨가 유학했던 독일의 대학교도 장애학생지원에 대한
체계는 갖추어져 있지 않았지만, 교직원 및 동료들로부터 불필
요한 수업을 면제받는 등 비공식적인 지원을 받을 수 있었다.

독일 학교에도 공식적인 장애학생지원은 없었어요. 하지만 학

교생활에 도움을 받을 수 있도록 학교에서 다른 시각장애인 친구를 소개시켜 줬어요. 그 친구는 재즈 피아노를 전공하고 있었는데 전맹이어서 점자 악보를 썼죠. 그 친구와 교류를 하면서 대학 생활에 많은 도움을 받을 수 있었어요. 그리고 불필요한 수업은 면제를 시켜 줬어요. 오케스트라 스터디라고 오케스트라 악보를 가지고 연주하는 것인데, 그것은 제가 굳이 안 해도 되니까 면제시켜 줬고, 나머지 것들은 할 수 있으면 하는 게 좋으니까 하라고 했죠.

그 학교에서도 바이올린을 하는 시각장애 학생을 경험하지 못했기 때문에 굉장히 어려워하더라고요. 처음에는 어떻게 가르쳐야 하나 골치 아파하고 그랬는데, 제가 잘 따라하니까 학교에서 교수님들도 관심을 가지고 지켜봐 주셨어요. 졸업할 때는 굉장히 좋은 성적도 주시고 학교를 대표해서 연주할 수 있는 좋은 기회도 마련해 주셨지만, 처음부터 학교에서 특별한 관심과 배려가 있었던 것은 아니에요. 사실 그게 맞는 것 같기도 하고요. 자기가 하기 나름인 부분이 많아서……. 나중에 제가 다니던 B음악대학교에 바이올린을 하는 시각장애 학생이 입학한다면, 학교 측에서는 경험이 있으니까 시각장애인임에도 바이올린을 잘 배우는 학생이 있더라 하면서 그 학생은 혜택을 받을 수도 있겠죠. 제가 전례가 되느라 고생을 좀 했지만 경험이 없는 상황에서는 당연한 것 같아요.

독일에서 공부를 할 때도 악보가 가장 큰 난관이었다. 어머니처럼 날마다 악보를 크게 그려 주며 도와주는 사람이 없었기 때문이다. 한동안 확대경을 통해 작은 크기의 악보를 보다 보니 그나마 남아 있던 시력도 점점 악화되어 갔다. 그러나 독일에는 의료보험제도가 잘 갖추어져 있어서 의학적 지원뿐만 아니라 개인의 신체 및 건강 상태에 따라 필요한 장비와 시설을 대여할 수 있었다. 동영 씨는 이 제도를 활용하여 악보를 모니터에 크게 확대해 출력해 주는 기계를 빌려 사용하였고, 공부의 어려움을 덜 수 있었다. 그는 "이런 기계가 진작부터 있었다면 어머니가 그런 고생을 하지 않으셨을 텐데……."라며 보조공학 지원이 미비한 우리나라의 현실을 안타까워 하였다.

처음 가서 1년 반을 확대경으로 봤는데 그것은 좁은 부분이 아주 크게 보이고 굉장히 어둡게 보여요. 그걸로 보통 악보를 한 마디 한 마디 보고, 또 손으로 해 보고, 또 들여다 보고, 그런 식으로 연습을 했어요. 확대된 악보가 없었으니까요. 그러다 보니까 눈이 더 상태가 나빠져서 거의 실명 위기까지 갔었어요. 그런데 독일은 의료보험이 잘 되어 있어서 그 보험 혜택으로 기계를 빌릴 수 있다는 것을 알게 됐어요. 악보를 집어넣으면 커다란 모니터로 악보가 확대되는 기계가 있었는데 그 기계를 가지고 공부를 잘 마칠 수 있었죠. 우리나라에 사 가지고 와서 지금도 쓰고 있는데, 그런 게 어릴 때부터 있었으면 어머니가 그 고생을 안 하셨겠죠. 우리나라에도 그런 기계가 있기는 했지만, 거의 전시용으로 몇 대 있었고 워낙 고가인데다가 수입 절차도

까다로워서 우리 집처럼 형편이 어려운 집에서는 개인이 개별적으로 수입해서 갖는다는 것은 꿈 같은 이야기였죠.

 힘든 시간을 이겨 내고 남은 것

동영 씨는 청소년기를 거치면서 장애를 가진 자신의 삶을 비관하기도 하고 음악 공부가 힘들어 그만두고 싶다는 생각도 하였다. 실제로 대학생 때에는 자살을 생각한 적도 있었으며, 유학 시절에는 자신의 능력에 대한 한계를 느끼고 좌절을 경험하기도 하였다.

그만두고 싶다는 생각도 하고, 그만 살아야겠다는 생각도 했어요. 실제로 내 학교 때는 낭떠러지에서 뛰어내린 적도 있어요. 다행히 살아나긴 했지만, 그때가 제 인생에서 가장 나약한 시절이었어요. 힘들게 나를 지탱하고 나를 지키려고 애써 왔는데, 어느 순간 나쁜 생각이 들면서 그런 생각이 꼬리에 꼬리를 물고 '어차피 내가 살아봐야 불행만 계속해서 반복되겠구나.'라는 생각이 들었어요. 그래서 '사람들을 골치 아프게 하느니 내가 여기서 끝을 내자.' 하고 뛰어내렸죠.

유학 시절에 음악적으로도 많이 좌절했어요. 그전에는 내가 재주도 있고 열심히 하면 언제나 잘할 줄 알고 기세등등했었는데, 좌절해 보고 고생해 보니까 힘든 사람들을 이해하는 마음이 생기더라고요.

그러나 그 당시 힘들었던 경험은 동영 씨에게 바이올린에 대한 강한 애정을 가지게 해 주었고, 다른 사람들의 마음을 이해할 수 있는 바탕이 되었다. 넉넉하지 못한 가정환경 때문에 충분히 음악교육을 받지 못했던 것이 아쉬웠던 그는 현재 형편이 어려운 제자들에게 무료로 개인 레슨을 해 주면서 충분한 교육 기회를 주고자 노력하고 있다. 또한 병원에서 느끼는 마음의 고통과 상처를 그 자신이 너무나 잘 알기 때문에, 매달 두 번씩 병원을 찾아 환자들을 위로하는 자선 공연을 열고 있다.

워낙 제가 어렵게 공부를 했기 때문에, 공부를 하고 싶은데 뒷받침이 없어서 하지 못하는 괴로움을 누구보다 잘 아니까 레슨비를 받지 않고 가르치는 학생들이 있어요. 또 가르칠 때 열심히 하는데 안 되는 애들이 더 안쓰럽고, 그런 애들한테 필요한 선생님이 더 좋은 선생님이라는 생각이 들어요. 바빠서 시간 내기 어려워도 학생들한테는 꼭 주 2회씩은 레슨을 해 주려고 해요.

음악은 사람의 아픈 부분, 슬픈 부분, 외롭고 힘들고 고통 받고 그런 부분을 위로해 줘야 하는 거라고 생각해요. 힘든 시간을 거치면서, 예술가의 역할은 사람들의 정신적인 면에 좋은 영향을 주는 것이라는 생각을 하게 됐지요. 나 자신의 의미 같은 것을 생각하다 보니까 병원에 환자들을 위해서 연주를 해 보면 어떨까 해서 시작하게 됐어요.

어렸을 때 병원에 엄청 많이 들락거렸잖아요. 그리고 아내가 두 번 사산을 하기도 했고, 제 아들도 지금 눈이 좋지 않아서 병원을 많이 다니고 있고요. 병원에 가면 마음이 걷잡을 수 없이 힘들고 그랬는데, 그때 병원 어디선가 흘러나오는 음악이 저를 위로하더라고요. 그래서 내가 가진 바이올린으로 마음이 아픈 사람들을 위로하는 음악을 연주하면 어떨까 해서 병원에서 연주를 하게 됐는데, 우연히 내 음악을 접한 사람들이 와서 내 손을 붙잡고 병이 다 나은 것 같다며 울면서 기도하고 그러더라고요. 그런 분들 보면 그 순간이 연주자로서, 또 음악가로서 가장 보람 있는 순간 같아요. 유학 생활에서 내 자신이 저 밑바닥까지 내려가 보면서 인생이 이미를 생각하게 된 것 같아요. 만약 내가 장애도 없고 집에서 풍부한 지원을 받으며 모지랄 것 없이 공부해서 바이올린을 그냥 잘한다고 했으면 이런 보람은 얻지 못했을 거예요.

동영 씨는 힘든 유학 시절을 이겨 내고 7년 반 만에 귀국했지만, 돌아온 이후의 생활도 어려움의 연속이었다. 눈이 좋지 않은 아들은 수술을 받았고, 집안 형편이 좋지 않은 상황에서 그가 먼저 귀국하여 일자리를 찾아보겠다고 했으나 생각처럼 쉽지가 않았다. 전국에 있는 대학교에 강사 자리를 얻기 위해 찾아다녔지만, 돌아오는 대답은 대부분 부정적이었다.

첫째 아들이 수술하고 형편도 안 좋은 터라 제가 먼저 우리나라에 와서 일자리를 찾아보겠다고 전국을 다 돌아다녔죠. 그런데 모든 학교에서 "눈이 보이지 않는데 학생들을 어떻게 가르칠 거냐." "우리 학교의 입장을 이해해 달라."라는 얘기만 하니까 참 막막했어요. 그 고생을 하면서 공부를 해 왔는데, 여기서는 아무 쓸모가 없다는 생각도 들었고요.

그러던 중 그를 가르쳤던 모교 교수의 도움을 받아 지금의 대학교에 출강하며 학생들을 가르치게 되었다. 처음에는 몇 명의 학생을 겨우 배정받아 가르치기 시작하였지만, 성심성의껏 학생들을 지도한 결과 지금은 학교의 최고 인기 강사가 되었다. 동영 씨는 장애로 자신을 판단하기보다는 실력으로 평가받을 수 있는 기회를 먼저 주었으면 한다고 심정을 밝혔다.

제 모교 교수님께서 시험 삼아 지도해 보라며 과에서 최고 문제아 둘을 저한테 맡기셨어요. 저는 일자리를 얻을 수 있었기 때문에 그 기회가 너무 감사했죠. 그래서 수업 시간에 열심히 하려고 애썼고, 그것이 학생들에게 좋게 받아들여졌어요. 저에게 기회를 주기 전까지는 저를 경험하지 못했으니까 선입견이 있었지만, 결국은 사람들에게 제가 증명을 해 보였잖아요? 결국은 스스로 증명을 해야 하는 문제지만, 기회는 줘 봐야 하는 거죠. 연주를 할 수 있는 기회를 줘 보고 판단을 해야지, 무조건 편견을 가지고 "안 돼. 골치 아프니까 안 돼."라고 하면 길이 없잖아요. 그게 아쉬운 거죠.

현재 동영 씨는 대학교에서 학생들에게 바이올린을 가르치고 있으며, 2007년 세계 최초로 결성된 시각장애인 오케스트라에서 악장을 맡아 활발한 연주 활동을 하고 있다. 그리고 다른 장애인 음악가 세 명과 함께 교육인적자원부에서 지원하는 청소년 희망 콘서트를 전국 여러 곳에서 개최하고 있다.

🎁 장애예술영재교육에서 중요한 네 가지

동영 씨는 장애예술영재를 교육하기 위해 중요한 것으로 정확한 평가와 통합적 교육지원, 폭넓은 구직 기회를 꼽았다. 첫째, 정확한 평가는 장애예술영재가 비장애 예술영재에 비해 턱없이 부족한 실력을 가지고 있더라도 '장애'가 있다는 이유로 과장되어 평가받는다면 결국에는 오래 지속되기 어렵기 때문에, 개인이 가진 재능을 객관적으로 평가하는 것이 중요하다는 것이다.

정확하게 평가를 하는 게 중요해요. 왜냐하면 일반인으로 봤을 때는 아무것도 아닌데, 장애를 가지고 뭔가를 한다면 그 자체를 대단하다고 여겨 과장되는 경우들이 있어요. 그것이 장애를 가진 학생한테는 순간적으로 달콤할지는 모르지만 나중에는 그것 때문에 결국 한계에 부딪치고 좌절하게 되거든요. 정확하게 판단을 해서 분명히 알려 줄 필요가 있어요.

둘째, 일반 예술교육에서와 마찬가지로 장애예술영재교육에서도 풍부한 교육적 지원은 필수적이다. 예술교육 자체를 공교육 체계 내에서 완벽하게 제공하는 것에는 다소 무리가 있기 때문에 개별적으로 적합한 교육을 지원할 필요가 있다. 하지만 그는 장애인을 분리하여 교육시키는 것보다는 비장애학생들과 통합하여 가르치는 것이 교육적 효과 및 사회적 적응을 위해서도 바람직하다고 강력하게 주장하였다.

재능이 있는 학생인데 장애를 가졌다면, 다른 누구와 마찬가지로 뒷바라지를 풍부하게 해 줄수록 좋아요. 특히 음악 분야에서 성공하는 사례를 보면 여러 가지 경험들이 필수적이죠. 이를테면 레슨을 많이 받고, 많이 보고 듣고, 국제 무대에서 콩쿨에도 많이 참여하고 연주도 많이 해야 좋은 음악가가 나오는 것이죠. 전문적인 예술교육을 위해서는 사교육을 받을 수밖에 없는데, 장애인들을 잘 이해해 주는 선생님들이 우수한 레슨을 제공해 주면 좋을 것 같아요.

음악뿐만 아니라 모든 분야에서 통합교육을 지향하잖아요. 저역시 반드시 통합교육을 해야 한다고 생각해요. 학급은 따로 만들되 학교는 통합이 되었으면 좋겠어요. 그리고 장애인들도 더 많은 사교육을 받았으면 좋겠어요. 음악적인 실력도 중요하지만 결국은 사람이 인격이 형성되어야 하고, 다른 장애를 가졌거나 비장애인과 어울려서 살아야 균형 잡힌 사람으로 성장을 할 수 있거든요. 그런 사람으로 키우는 것이 장애인 교육의 목적이지, 장애인들끼리만 모여서 잘 살고 시설에서만 그냥 편하게 살게 하는 것이 장애인 교육의 목적은 아니잖아요.

셋째, 예술을 공부하는 장애인들의 고용불안을 해소하고 더 뛰어난 성취를 이룰 수 있도록 국가 차원에서 제도적 장치를 마련해야만 한다. 뛰어난 예술적 재능을 가진 장애인이더라도 정규 교육과정을 마친 뒤 재능을 직업으로 연결시키는 데는 많은 어려움을 겪는다. 아직까지 예술 영역에서 장애인에 대한 인식과 고용 의지가 높지 않기 때문이다. 그러다 보니 사회와 언론의 무관심 속에서 학교를 마친 장애인들이 직업을 구하지 못하고 소일거리로 전전하는 경우가 많다.

장애인을 잘 이해해 주는 교사에게 좋은 수준의 레슨을 편하게 받을 수 있도록 해 주고, 앞으로의 직업까지 나라에서 보장해 줄 수 있는 제도가 있으면 좋죠. 예를 들어, 제가 있던 독일의 학교에서는 피아니스트들이 굉장히 많이 배출이 되는데 직업의 기회가 많지 않으니까 학교에서 그 피아니스트들을 다 반주자로 써요. 학교에서 다시 직업을 만들어 주는 체계인 거죠. 그리고 사람들을 많이 고용하기 위해서 교대를 시키는 식으로 해서 고용에 관한 문제는 국가에서 관리를 해요. 그렇지 않고 그냥 자본주의식으로 내버려 둔다고 한다면 장애인을 고용하지 않겠죠. 중국처럼 장애인 예술단 같은 것을 만들어서 공연을 할 기회를 계속 만들어 주고, 해외 공연도 보내 주고, 여러 방면으로 지원해 주는 것이 가장 좋은 건데······. 그렇지 않으면 저처럼 세상에 혼자 나와서 비장애인들과 경쟁하면서 열심히 살아야 해요. 일반인들과 경쟁을 하려면 책도 많이 봐야 되고 음악 외적인 것들도 많이 필요하죠.

동영 씨는 장애예술영재를 교육하기 위해 필요한 것으로 무엇보다 개인의 강한 정신력을 강조하였다. 사회에서 비장애인들과 경쟁해서 이겨 내려면 자신이 가진 장애를 상쇄시킬 수 있을 정도의 인내와 노력이 필요하기 때문이다. 외적 지원이 거의 없던 상태에서 현재에 이르기까지 그가 얼마나 많은 어려움을 혼자서 견뎌 왔는지 느낄 수 있는 부분이다.

음악가가 되기 위해서는 강한 정신력이 최우선으로 필요해요. 왜냐하면 외부의 지원은 있을 수도 있고 없을 수도 있는 서비스거든요. 그런 것은 기대하지 말아야 돼요. 예를 들면, 길거리를 가다가 맨홀에 빠졌는데 누가 옆에 있으면 도와줄 것이고 아무도 없다면 스스로 기어 나와야 하잖아요. 누가 도와주고 안 도와주고도 중요하지만 경쟁을 해야 되고 이겨야 해요. 그 경쟁에서 이기기 위해서는 공부할 때부터 정신무장을 해야 돼요. 일반 사람들이 좌절하는 것보다 장애인이 좌절하는 게 훨씬 더 아파요. 아주 일어나기 힘들어요. 그렇기 때문에 더 힘이 있어야 하죠. 내가 만약 장애학생을 가르친다면 그것을 가장 우선순위로 가르치고 싶어요.

동영 씨의 음악이 감동적인 것은, 외부의 지원이 거의 없는 상황에서 꿋꿋이 공부를 하고 오늘의 자리에 이르렀다는 이유도 있지만 지난날 자신이 겪었던 아픔과 외로움을 바탕으로 다른 사람의 고통을 어루만질 수 있는 사랑이 있기 때문이다.

흐릿한 세상에서 부르는 아름다운 노래

"이탈리아에 내가 아는 형이 있어. 그 형은 날 잘 모르는데 난 그 형을 잘 알아. 그 형은 바로 세계적인 성악가 안드레아 보첼리(Andrea Bocelli)야." 종훈 씨가 사람들에게 버릇처럼 하는 말이다. 안드레아 보첼리와 종훈 씨에게 공통점이 있다면 둘 다 앞을 보지 못하는 시각장애인이면서 사람들에게 아름다운 노래를 들려준다는 것이다. 망막이 하얗게 변하며 점점 시력을 잃어 가는 선천성 망막색소변성증이라는 희귀병을 앓고 있는 그가 볼 수 있는 거리는 1m에 불과하다. 가까이 있는 사물의 존재는 확인할 수 있지만 시력검사표에 있는 가장 큰 글씨도 읽을 수 없는 상태다. 그러나 그런 그는 노래를 하고 싶다는 열정으로 남들보다 더 많이 노력하여 S대학교의 특수교육대상자 특별전형을 통해 성악과에 입학하였다.

🗄 시력은 잃었지만 나에겐 음악이 있다

안종훈 씨는 초등학교 1학년 때 자신이 선천성 망막색소변성증이라는 것을 알게 되었다. 아직 경험하지 못한 것도 많은 어린 나이였기에 본인과 주변의 안타까움도 컸다. 특히 어머니는 소아마비, 아버지는 심상성 백반이라는 병을 앓고 있었기 때문에 아들의 장애에 대해 더욱 가슴 아파하였다. 그러나 장애를 고치거나 없앨 수는 없었으므로 종훈 씨는 자신의 장애를 담담히 받아들였다. 그의 긍정적인 성격과 종교적 믿음은 장애를 극복하는 데 큰 도움이 되었다. 처음부터 흐릿한 시력이었기 때문에 오히려 "잘 보이다가 중간에 볼 수 없게 되는 것보다는 차라리 감사하다."라고 그는 말하였다.

초등학교 1학년 때 눈에 문제가 있다는 것을 처음 알았어요. 조금 충격을 받기는 했지만 하나님이 특별한 뜻을 두고 하신 일이라고 받아들였어요.

종훈 씨는 일반 중·고등학교를 다녔는데, 그의 담임교사는 공부를 잘하는 그가 특수교육을 전공하여 맹학교 교사가 되기를 바랐다. 집안의 경제적인 상황도 좋지 않았기 때문에 종훈 씨 스스로도 막연히 특수교사가 되려고 생각했으나, 시각장애를 가졌더라도 맹학교에서 교직을 얻기가 어렵다는 현실 때문에 진로를 고민하고 있었다. 그러던 어느 날, 학교의 여러 동아리들이 신입 회원을 모집하기 위해 한창 홍보 활동을 하고 있었는데 유독 남성중창단의 노랫소리가 멋지게 들렸다. 그 길로 그는 남성중창단 동아리에 들어가기 위해 오디션을 보고 합격하여, 고등학교 시절 동안 중창단에서 활동하게 되었다.

고등학교 1학년 때 남성중창단 형들이 신입 회원을 뽑는다고 반마다 다니며 노래를 부르더라고요. 오디션 보러 오라고 광고를 했죠. 그때 남성4중창을 처음 들었는데 굉장히 멋있더라고요. 그래서 나도 한번 오디션을 봐야겠다고 생각해서 갔었는데 그게 잘돼서 중창단에 들어가게 됐어요. 고등학교 2학년, 그 중요한 시기에 연습한다고 야간자율학습도 안 하고, 점심때도 노래하고 저녁때도 노래하면서 활동했어요.

고등학교 2학년 말 정도 됐는데 대학에 진학하려면 어느 쪽으로 공부를 해야 할지 생각을 해야 하잖아요. 그런데 그 당시에 너무 공부하기가 힘들었어요. 수업 따라 가기도 너무 힘들었고, 다른 학생들은 모의고사 같은 거 보면서 시험 대비도 하는데 전 그런 것도 볼 수가 없었거든요. 공부하기가 참 힘들었어요. 내가 잘하는 것이 무엇일까 고민을 하다가 문득 '노래를 하면 어떨까?' 하는 생각이 들었어요. 워낙 음악을 좋아했거든요. 제가 초등학교 2학년 때부터 성가대에 참여했고, 초등학교 때부터 가창 시험을 보면 항상 선생님들이 다른 친구들이 한 곡 부를 때 저는 두세 곡씩 부르게 하기도 하셨고요. 그래서 노래를 진로로 정하면 어떨까 하는 생각을 하다가 한번 테스트를 받아 봤죠. 아는 성악가 형들과 선생님들을 찾아 가서 내가 노래를 할 만한 사람인지 객관적으로 테스트를 해 달라고 했죠. 선생님들이 제가 가진 소리가 좋다고 하시면서 노래를 하면 괜찮을 것 같다고 그러시더라고요. 그래서 고등학교 3학년 한 해 동안 본격적으로 준비를 해서 대학에 갔어요.

종훈 씨가 처음에 음악을 진로로 선택하겠다고 부모님에게 말했을 때, 음악 영역 자체가 생소했던 부모님은 당황하였다. 그러나 장애가 있는 아들이 하고 싶은 것을 해야 그나마 덜 힘 들 것이라는 생각에 별다른 반대 없이 아들의 선택을 지지해 주었고, 여러 곳을 수소문하여 그가 전문교사에게 교육을 받을 수 있도록 해 주셨다.

처음에 부모님께 음악을 한다고 하니까 부모님은 음악이 너 무 생소하셔서 '혹시 이거 굶어 죽는 거 아닌가?' 하는 마음이 드셨나 봐요. 아무래도 옛날 어르신들은 딴따라 하면 배고픈 직 업이라고 생각하시잖아요. 좀 그런 게 있어서 처음에 레슨 받으 러 갈 때도 어머님이 같이 가시겠다고 그러시더라고요. 선생님 을 만나 보셔야겠다고요. 선생님한테 이거 굶어 죽는 거 아니냐 고 물어보셨는데 선생님께서 그러셨어요. 옛날 같지 않아서 음 악을 하면 할 수 있는 것도 많고 본인만 열심히 하면 성공할 수 있다고요. 아무래도 아들이 장애가 있으니까 부모님 생각하기 에는 본인이 하고 싶은 것을 해야 좀 더 낫지 않을까 싶은 마음 이 들었다고 하셨어요. 왜냐하면 몸이 불편하니까 어떤 일을 해 도 남들보다 힘든 것은 마찬가지잖아요. 그래도 본인이 좋아하 는 일을 하면 덜하지 않을까 하는……. 그래서 부모님 반대 없이 음악을 하게 됐어요.

공부가 너무 어려워요

종훈 씨는 가까이에 있는 큰 글씨만 겨우 알아볼 수 있는 정도의 시력이어서 대입 시험 준비에도 남들보다 많은 노력이 필요했는데, 주로 교육방송(EBS)의 대학수학능력시험 방송을 녹화해 이를 듣고 암기하는 방법으로 공부하였다. 제한된 시간에 많은 문제를 풀어야 하는 대학수학능력시험도 넘기 힘든 벽이었다. 언어 영역을 최대 비율로 신청하여 확대 복사를 했더니 그 시험지만 100쪽이 넘는 교과서 한 권 정도의 분량이 나왔다. 넘기는 것만도 일인데 겨우 20분밖에 추가되지 않아 시간에 맞춰 어렵게 문제를 풀어냈다.

경기도의 한 대학교에 입학해 3학년을 다니던 종훈 씨는 좀 더 좋은 환경에서 공부해 보고 싶은 마음에 자퇴를 하고 유학을 준비하고 있었다. 그러던 중 국내 유명 대학인 S대에서 특수교육대상자 특별전형을 실시한다는 소식을 접하고 다시 한번 대학수학능력시험을 보고 합격하게 되었다.

힘들게 공부하는 것은 지금도 마찬가지다. 남들이 악보를 한눈에 볼 때 그는 돋보기 안경에 확대 돋보기를 하나 더 붙인 후 손 한 뼘씩 음표를 하나하나 봐야 한다.

보통 사람이라면 한 곡당 A4 용지 5장 정도의 악보를 그는 A3 용지 50장으로 확대 복사해서 봐야 한다. 일일이 악보를 넘기면서 노래를 부르기가 힘들기 때문에 테이프에 녹음하여 반복해서 들은 후 전부 외워서 노래를 부른다. 연습할 곡을 받으면 인터넷을 통해 반복해서 들어보고 곡의 정보를 조사해야만 남들과 같은 수준에서 노래를 할 수 있기 때문에 다른 사람들보다 몇 배의 노력을 더 기울여야 한다.

🗝 지금의 나를 있게 해 주신 선생님

보다 높은 수준의 음악교육에서 전문교사의 역할은 다른 무엇에 비할 수 없을 만큼 크고 중요하다. 성악 역시 일대일로 지도받기 때문에 어떤 교사를 만나서 어떤 지도를 받느냐 하는 것은 매우 중요한 문제다.

성악도 학원이 있기는 해요. 그런데 아무래도 성악이라는 특성상 개개인의 소리를 듣고 가르쳐야 하니까 대부분 다 도제식으로 사사하죠. 저는 선생님을 사부님이라고 그러거든요. 아버지 같은 분이에요. 선생님과 제가 그 정도로 친밀하지 않으면 잘 배울 수가 없어요. 성악은 이탈리아가 본고장이잖아요. 이탈리아에서 레슨의 개념은 거의 같이 사는 것이라고 보시면 돼요. 거의 날마다 함께 생활하면서 레슨을 받아요.

처음 종훈 씨가 음악을 전공하겠다고 결심한 후 주변의 소개로 처음 만난 교사는 성악을 전공한 후 교회 음악을 가르치고 있었다. 레슨을 받게 되었으나 그가 가진 장애에 의해 교사와 그 모두 힘들게 공부를 하였다.

아무래도 본인 입장이 아닌 이상은 장애에 대한 불편함이나 장애 때문에 생길 수 있는 문제에 대해 정확하게 알기 어려운 것 같아요. 처음에는 제가 잘 걸어 다니고 활발하게 지내고 하니까 '눈이 나쁘다 해도 크게 문제되지는 않겠지.'라고 큰 부담은 갖지 않으셨던 것 같아요. 그런데 막상 가르쳐 보니까 좀 부담이 되는 일이거든요. 제가 생각해도 정말 속 터지는 일이에요. 악보를 보고 노래만 하는 게 아니잖아요. 그리고 대학 시험을 보려면 독일어와 이탈리아어를 해야 하는데 저는 한 번도 그것들을 해 본 적이 없었어요. 악보를 보고 선생님이 발음을 하고 읽어 줘도 안 되는데, 악보를 안 본 상태에서 그걸 가르치려니까 선생님이 너무 힘드신 거예요. 그래서 진짜 고생 많이 했어요. 저도 엄청 울면서 배운 것 같아요.

다니던 대학교를 자퇴하고 다시 공부를 시작할 때는 친구의 소개로 다른 교사를 만나게 되었는데 종훈 씨에게는 정말 귀한 만남이었다.

어느 날 친구가 정말 좋은 선생님을 아는데 레슨을 받아 보라고 해서 그분을 알게 되었어요. 그 선생님은 S대 성악과를 졸업하고 독일로 유학까지 다녀오셨는데 신학 공부를 다시 하셔서 지금은 목사님이세요. 저한테는 굉장히 귀한 만남이었던 것 같아요. 선생님은 독일에서 유학 생활을 하실 때 양쪽 팔이 없는 분에게 성악을 가르쳐 보신 적이 있으셨대요. 선생님이 저를 어떻게 가르쳐 주셨냐 하면, 제가 선생님 몸을 만져 가면서 배우게 하셨어요. 배도 만져 보고 입도, 얼굴도 만져 보고 호흡은 어떻게 하고 자세는 어떻고……. 이걸 디 일일이 민겨 가면서 배웠어요. 어떤 때는 선생님이 농담으로 "다른 사람이 보면 남자들끼리 뭐하는가 하겠다."라고 할 정도로요. 그런데 저한테는 그게 큰 도움이 되었어요.

📽 장애예술영재를 양성하기 위해 필요한 것

종훈 씨는 장애예술영재를 효율적으로 양성하려면 장애 여부를 떠나서 재능에 대한 평가가 객관적으로 이루어져야 한다고 하였다. 그리고 그 평가에 맞춰서 적합한 교육이 뒤따라야 한다고 보았다. 우선 개인이 가진 재능으로 먼저 평가를 받아야 하기 때문에 장애인만을 별도로 뽑아서 교육하는 것은 질적인 면에서 문제가 된다는 것이 그의 생각이다.

재능에 대해 명확한 구분을 지어야 한다고 생각해요. 잘하는 것이 아닌데 무조건 "넌 잘한다."라고 얘기하거나 "너는 장애를 극복했다."라고 얘기하는 것은 옳은 일이 아니라고 생각해요. 왜냐하면 장애인만이 사회에서 살아가는 게 아니잖아요. 결국은 세상 가운데 그 많은 사람들과 경쟁해야 하는데 과연 그 속에서 경쟁력이 있겠는가 하는 거죠. 경쟁력이 없으면 아무도 써 주지 않거든요. 장애인이라고 해서 재능에 대해 정확하게 이야기해 주지 않고 그냥 잘한다고만 한다면, 순간적인 기쁨은 있을지 모르겠지만 장기적으로는 고통이 되는 거라고 생각해요.

만약에 예술중학교나 예원학교에서 특수교육대상자를 특별전형으로 뽑겠다고 한다면 저는 그것에 대해서 반대해요. 그렇게해서 들어간다고 해도 다른 학생들과 같이 섞이기가 쉽지 않을 거라고 생각해요. 또 하나의 특수학급을 만드는 것이고요. 다른 학생들과 실력 차이가 현저하게 난다면, 학교에서 정당하게 뽑았다고 해도 학생들 입장에서는 받아들이는 데 불편함이 있을 거예요.

또 예술교육은 환경이 매우 중요하기 때문에 가능하다면 예술중·고등학교에서 어릴 때부터 교육을 받는 것이 좋을 것이라는 의견도 덧붙였다.

음악을 하려면 환경과 분위기가 중요하거든요. 아무래도 일반 중학교나 고등학교는 다 공부하는 분위기인데 그 속에서 또 이중적으로 개인적인 것들을 습득하기란 많이 어려워요. 학교 공부도 해야 하고, 음악 공부도 병행해야 하니까 양쪽 다 소홀해지기 쉽죠. 만약 음악에 재능이 있다면 예술중·고등학교를 다니는 것이 도움이 된다고 생각해요. 그곳에서는 대학처럼 똑같이 개개인에게 선생님이 배정되거든요. 또한 음악에 대한 기초적인 지식들을 다 배우기 때문에 예술고등학교를 졸업한 사람이 대학에 온 것과 일반 고등학교를 졸업하고 대학에 온 것은 많이 달라요. 학습 방식도 일반 고등학교를 나온 사람은 조금 낯설어요. 예술중·고등학교를 나온 사람은 이미 어느 정도 배우고 화성학도 이미 접해 봤고 음악에 대한 전체적인 부분을 한 번씩 다 겪어 봤기 때문에 굉장히 많이 다르거든요.

일반 교육 환경에서는 장애학생이 가진 개별적인 교육적 요구를 충분히 충족시켜 주기가 어렵다. 이에 대해 종훈 씨는 장애학생이 일반 교육 환경에서 다른 학생들과 같이 교육을 받되, 별도로 필요한 부분에 대해서는 개별적인 교육지원이 추가되어야 한다고 하였다.

제가 생각하기에 장애인을 교육시킬 때는 모든 개인에게 도제 개념처럼 일대일의 지원 체계가 있어야 한다고 생각해요. 모든 개인에게 그렇게 될 수 있으면 가장 이상적이겠죠. 특히 같은 전공 영역에서 교육을 받은 장애인이 지원해 준다면 훨씬 더 효율적일 것 같아요. 장애인 중에서도 음악을 공부한 많은 분들이 있거든요. 그런데 그분들이 그냥 주부로 남는다든가 아니면 전공과 전혀 상관없는 일을 하는 등 직업을 갖지 못한 경우가 정말 많아요. 그런 분들을 발굴하여 장애예술영재이 학습을 돕도록 한다면 맞춤형 교육지원뿐만 아니라 장애인 고용 창출의 효과도 볼 수 있을 것 같아요.

종훈 씨는 개인적인 맞춤형 예술교육지원의 중요성을 강조하면서 외국의 사례를 들어 주었다. 우리나라의 현 상황을 볼 때 장애인 지원체계가 보다 잘 마련되어 있는 외국에서 공부하는 것이 나을 것이라 여겨져 현재 그는 졸업 후 유학을 계획 중이다.

작년에 미국을 갔다 와서 느낀 점이 많아요. 만약 미국의 어느 시골에 한국 사람이 와서 공부를 하는데 그 사람에게 필요하다고 생각되면 그 한 명을 위해서 통역사를 파견해 주기도 한대요. 옆에서 통역을 해 주거나 공부할 수 있도록 도와주는 거죠. 그런데 우리나라는 그게 안 되잖아요. 장애를 가진 사람이 더 뛰어날 수 있도록 지원을 해 주는 게 아니라, 일반 사람들과 어느 정도 수준을 맞춰 가기 위해서 저는 그런 지원이 필요하다고 생각해요.

제가 피아노를 앞이 전혀 보이지 않는 선생님께 배웠거든요. 그 선생님은 미국으로 유학을 다녀오셨는데, 우리나라에서는 점자악보 같은 것을 구하기가 매우 힘들지만, 외국에는 훨씬 자료가 많다고 하시더군요. 어떤 분은 우리나라에서도 불편한데 외국 나가면 말도 안 통하고 불편해서 어떻게 살려고 그러냐고 하세요. 그런데 저는 생각이 달라요. 우리나라에서 이런 불편함을 생각하면 나가서 좀 언어가 안 통해도 거기 사는 게 더 마음 편할 것 같아요. 그리고 성악은 아무래도 이탈리아가 본고장이잖아요. 사실 유학을 가서 기술적인 부분을 익히는 것도 있겠지만 그 나라 사람들의 생활과 문화에 젖어 들어 보는 거죠. 그 사람들 삶에 배어 있는 음악을 내 것으로 만드는 작업인 거예요.

안드레아 보첼리는 노래를 할 때 눈을 감고 한다. 그런 모습이 노래를 듣는 대중들에게 훨씬 더 강하게 어필하기 때문이다. 모든 시각장애인들이 눈을 감고 노래를 하는 것은 아니지만, 종훈 씨 역시도 장애 때문에 자신이 더 부각이 되는 점에 대해서 여전히 갈등이 많다. 보이는 자신과 무대 뒤 자신 간의 갈등, 자신 안에 있는 모습과 겉으로 드러나는 모습 간의 갈등은 지금도 계속되고 있지만, 그래도 그는 아름다운 노래는 어떤 장애도, 어떤 국경도, 그 모든 것을 초월해 전해지는 것이라고 믿는다. 그래서 오늘도 그는 한국의 안드레아 보첼리를 꿈꾸며 노래를 부른다.

자폐증 청년, 피아노로 세상을 열다

    2006년 2월 한 대학교의 졸업식장, 자폐성 발달장애인으로는 최초로 4년제 대학교를 졸업하는 김지훈 씨는 자신이 작곡한 '밀레니엄 소나타'를 연주하고 뜨거운 박수갈채를 받고 있다. 발달장애 1급인 자폐성 장애인이 4년제 정규 대학교를 졸업한다는 사실뿐 아니라 고도의 집중력과 창의력이 요구되는 음악에서 뛰어난 재능을 보이며 활동하는 그에 대한 대중적 관

심이 높아 졸업식장에는 취재진의 열기가 뜨거웠다. 그는 현재 대학원에 진학하여 피아노 연주와 작곡을 계속 공부하고 있는데, 그는 2006년 개봉한 영화 '호로비츠를 위하여'의 동기가 된 모델이기도 하다.

🗃 자폐증 진단을 받은 쌍둥이 형제

 일란성 쌍둥이로 태어난 지훈 씨는 돌이 지나도 말을 더디게 하는 등 발달 지체 양상을 보였다. 쌍둥이 형제 모두 신체 발육에는 문제가 없었지만 오랜 기간 말을 잘 하지 않아서 부모님은 청각장애를 의심하기도 했다. 이런 고민과 궁금증이 증폭되던 차에 택시 운전을 하는 그의 아버지는 한 의사를 우연히 만나게 되었다. 아버지와 함께 병원을 찾은 쌍둥이 형제는 생후 2년 6개월에 자폐성 발달장애라는 진단을 받게 되었다.

 부모님은 지훈 씨가 네 살 되던 때부터 형제를 천주교 단체에서 운영하는 특수학교의 유치부에 보냈다. 당시만 해도 우리나라에서 특수교육 개념이 생소하던 시기였으므로 학급당 학생 수가 적었고, 그리하여 심도 깊은 일대일 특수교육의 혜택을 받을 수 있었다. 학교 수업 시간을 통해 지훈 씨는 자연스럽게 음악에 노출이 되었고, 교사로부터 피아노를 조금씩 배우기 시작하였다.

우리는 그때 특수교육이 뭔지도 몰랐을 때였는데, 그냥 전화번호를 등록하고 돌아왔죠. 그랬더니 학교가 다 지어진 후에 연락이 와서 특수교육을 세 돌 때부터 시작했어요. 그러니까 네 살 때부터죠. 지훈이가 조기교육을 받을 즈음에 수녀님 한 분이 아이들 세 명 정도를 보살피셨기 때문에 거의 일대일 교육을 할 수 있었어요. 학생이 일곱 명이면 선생님은 둘이나 셋이 있으니까 상황이 참 좋았어요. 거기서 처음 지훈이가 악보를 보고 피아노를 쳤어요.

🧰 음악 재능의 발견

지훈 씨가 어렸을 당시 가정 형편이 상당히 어려운 편이었다. 그럼에도 불구하고 그의 부모님은 동네 할머니에게서 중고 피아노를 구입하여 지훈 씨가 음악 공부를 할 수 있도록 도왔다. 또 음악에 관심이 많은 아버지는 집이나 차 안에서 자주 음악을 들어서 그는 학교와 집에서 언제나 쉽게 음악을 접할 수 있었다. 그러던 어느 날, 그가 차에서 들었던 음악을 피아노로 그대로 연주하였고, 이를 통해 가족들은 지훈 씨의 음악적 재능을 발견하게 되었다.

아이 아버지가 음악을 많이 듣는 편이에요. 'December'라는 곡을 남편이 자주 틀어 놓았었는데, 어느 날 지훈이가 피아노로 두드리는 곡이 바로 그 노래인 거예요. 남편이 듣고서 차에서 틀었던 곡이라고 하더군요. 그래서 그 곡을 녹음해 준 사람에게 전화를 해서, 지훈이가 피아노 치는 것을 들려 줬어요. 그랬더니 지금 카세트를 틀었냐고 하는 거예요.

📽 부모의 긍정적인 세계관

지훈 씨의 가정 형편은 현재까지도 그다지 좋은 편이 아니다. 아버지는 택시 기사로 생계를 유지하고 어머니는 전업 주부로 아이들을 보살피는 경제적으로 다소 어려운 형편이었지만, 그의 부모님 모두 삶에 대해서 매우 낙관적인 태도를 유지하였다. 지훈 씨의 장애를 그 자체로 받아들였고 그에게 필요한 교육에 대한 고민을 꾸준히 하면서도, 과도한 지출로 가계에 무리가 가지 않게 하는 합리적인 모습을 보였다. 대신 교사와 지속적으로 상의하며 그에게 필요한 것이 무엇인지 알아내려는 노력을 계속하였다.

유치부에 입학을 했고 그다음 해 1학년 때, 지금도 성신학교에 재직 중이신 선생님이 오셨는데, 처음에 저희는 지훈이가 음악가의 길을 가도록 도와 달라고 한 것은 아니었어요. 다만 손가락 운동을 많이 하면 두뇌가 발달한다고 해서 그런 생각으로 선생님한테 매달려 본 거죠. 선생님도 논문을 쓰셔야 하니까 지훈이를 맡아 주시면 어떻겠느냐고요. 교장 선생님께는 다른 아이들의 수업에 지장 없이 하겠다는 조건으로 허락을 받고, 그때부터 수업 전과 후에 한 시간 정도씩 피아노를 가르쳐 달라고 부탁을 드렸죠.

그러던 중 지훈 씨의 어머니가 대장암에 걸려서 큰 고비가 닥쳤지만 기적적으로 완쾌되면서 가족의 긍정적 세계관은 더욱 강해졌다. 그래서인지 그의 부모님은 자녀의 장애에 깊은 상처를 받는 다른 부모들에 비해 평온한 모습을 보였는데, 이는 지훈 씨의 성장과 교육에 좋은 영향을 미쳤을 것이라 사료된다.

지훈이가 중학교 3학년 될 때 제가 아팠거든요. 대장암을 선고받고 투병 생활을 하는 중이었는데 고3 때까지만이라도 살게 해 달라고 속으로 많이 기도를 했었어요. 3년만 끌어 주면, 아이들이 학교만 졸업하면 좋겠다는 생각을 했었어요. 다행히 3년을 잘 살았고, 힘들어 보여도 대학 진학에 대한 꿈을 지키고 있었죠. …… 저희 같은 경우에는 저희 형편에 맞게 했어요. 남편도 열심히 벌려고 노력했죠. 저도 역시나 최선을 다했어요. 그게 고통스럽고 어렵다라는 생각으로는 살지 않았어요. 그래서인지 뭔가 항상 잘 풀렸고 나름대로 만족하며 즐겁게 살고 있어요.

🗃️ 교사의 관심과 지도

애초에 지훈 씨의 부모님은 그를 음악가로 대성시킬 생각을 가지고 있지 않았다. 그저 손가락 운동이 두뇌 발달에 도움이 될 것이라는 믿음으로 특수학교 교사에게 피아노 연주 지도를 부탁한 것이 전부였다. 학교를 일찍 가고 늦게 귀가하는 방식으로 레슨 시간을 확보하여 교사에게 개별 지도를 받았고, 이는 중학교 3학년 때까지 이어졌다. 중학교 시절 지훈 씨는 장애인 음악대회에서 피아노 부문 최우수상을 수상하는 등 연주 실력이 아마추어 수준을 넘어 향상되어 갔다. 농업고등학교에 진학한 후에는 음악 담당 교사가 그를 개별 지도하거나 담당 교사가 음악대학원에 다니는 다른 교사를 소개해서 지도받게 해 주었다. 넉넉지 않은 가정 형편으로 사교육 레슨이 불가능한 상황에서 헌신적이고 정열적인 음악 교사의 지도만으로 그는 지금까지 음악교육을 받은 것이다.

지훈이는 선생님을 잘 만났어요. 특수학교 다녔을 때 선생님께서는 방학 때도 쉬지 않고 집에 오셔서 가르쳐 주셨어요. 그 정도로 선생님의 희생이 컸고 또 그분이 많은 관심을 가져 주셨어요. 고등학교에 진학해서도 관악부 담당 선생님이 정말 열심히 해 주셨어요. 고등학교 때 다른 애들은 관현악을 했지만 지훈이는 집에서 피아노와 작곡에 필요한 화성악을 배울 수 있었어요.

지금의 지훈이가 이렇게 성장한 데는 우리도 열심히 했겠지만, 가르쳐 주신 선생님들이 헌신적으로 도와주셨기 때문에 가능했다고 생각해요. 우리 가족들은 늘 그 얘기를 하죠.

🧰 어렵게 대학교에 진학하며

지훈 씨는 쌍둥이 형과 나란히 일반 중학교와 농업고등학교를 거쳐 4년제 대학에 진학하였다. 학창 시절을 놓치면 또래 집단 및 일반인의 문화를 경험하고 적응하기 어려울 것이라 판단한 부모님의 의지가 강하게 작용한 것이었다.

사실 그가 고등학교에 진학하게 됐을 때 그의 어머니는 대장암을 선고받고 투병 생활을 시작하게 되었다. 경제적으로도 어려운 상황이었고 그의 일상생활을 옆에서 꾸준히 지원하는 어머니의 투병은 큰 어려움이었다. 결국 그의 대학 진학은 불투명해졌는데, 다행히 여러 지인들의 격려와 도움으로 당당히 수능시험을 보고 B대학교에 응시하여 합격하게 되었다.

사립대학 진학은 경제적으로 어려운 지훈 씨의 가정에 큰 부담이었다. 그래서 부모님은 상대적으로 학비가 저렴한 지방 국립대학교의 장애인 특별전형에도 응시하고자 하였다. 하지만 대학에서는 수능시험 성적을 요구했으며 인지적으로 문제가 없는 지체장애인만 장애인 특별전형으로 입학할 수 있다는 의견을 전달하여 가족들은 국립대학교로의 진학을 포기하게 되었다.

거기 음대를 넣으려고 하니까 우리 애는 안 된다고 하더군요. 지체장애자만 된다고요. 그래서 정서장애인데 수능시험 성적은 받았다는 얘기를 했더니 입학 지원이 안 된다는 거예요. 그러면 우리 애들은 어떻게 가냐고 물어보니 일반 학생들과 똑같이 입시 시험 봐서 들어오라고 하는 거예요. 시험을 봐서 합격을 해서 국립대학교를 갈 정도면 장애인이라고 하겠어요?

 ## 대학 생활에의 적응

대학에 진학한 지훈 씨는 학교생활에 잘 적응하였다. 그의 음악 수준에 대한 교수들의 평가도 긍정적이었고 가능성도 높이 평가되었다. 또한 함께 학교를 다니는 또래 학생들도 그의 피아노 연주 및 작곡 실력을 존중해 주고 학생 활동에 적극적으로 참여시키는 등 지훈 씨의 대학 생활은 여느 대학생과 크게 다르지 않았고 만족스러운 편이었다. 그래서 그는 청주에서 대전까지 결코 가깝지 않은 거리를 매일 통학하면서 다닐 수 있었다.

저도 직접 교수님에게 얘기를 들은 적은 없었고 텔레비전에서 지훈이의 음악 수준에 대한 교수님의 평을 봤는데 많이 좋다고 하세요. 지훈이의 음악이 서정적이고 예쁘다고 하시더군요. 또 작곡을 20여 곡 했는데 잘한다고 그러셨어요. 이제는 정말 제대로 체계를 잘 갖춰서 하고 있다고 말씀을 하셨죠.

동기들이 졸업 작품으로 영화를 만들 때 지훈이가 음악을 담당했거든요. 그것도 좋은 평을 들었고, 교수님이 너무 좋다고 하시면서 아이한테 고맙다고 하셨죠. 이렇게 교수님한테도 인정받고 교우관계도 좋고 그러니까 학교 가는 것을 무척 좋아해요. 그러니 대학이 있는 대전까지 청주에서 매일 통학하며 열심히 다니죠.

제가 그랬어요. 졸업식이 일장춘몽이라도 좋다. 그런데 대학교 졸업식장에서 지훈이가 자기가 작곡한 밀레니엄 소나타를 직접 연주를 했어요. 연주가 끝나고 박수를 받는데 너무 행복했어요. 그때의 기분은 누구에게도 설명할 수 없을 거예요. 졸업식이 있고 나서 영화 〈호로비츠를 위하여〉의 관계자 분이 신문을 보시고 연락을 해 왔어요. 제작 발표회 때 지훈이를 초대하고 싶다고…… 그래서 그곳에 연주를 하러 갔었죠.

사회 진출에 대한 우려

지훈 씨는 현재 대학교 측의 배려로 대학원에 진학하여 학업을 계속하고 있지만 부모님은 향후 진로에 대한 고민이 크다. 그의 음악적 재능을 활용하여 생계를 유지할 수 있는 방안을 찾아야 하는데, 특히 예능 분야의 경우 알려진 사례도 적어서 가족들은 상당한 고민을 하고 있다. 부모님은 그가 음악 활동을 계속할 수 있는 방법이 있었으면 좋겠다는 마음을 강하게 피력하였다.

지훈이가 음악을 잘한다고, 작곡을 잘한다고 했는데 그걸 써 주지 않으면 소용없는 거죠. 노래를 부른다거나 아니면 음반을 내서 실질적인 소득이 되면 되는데, 그게 안 되면 무일푼이잖아요. 시훈이가 음악을 할 수 있으니까 어디 소속으로 가서, 음악 활동을 할 수 있는 그런 데가 있으면 좋겠어요. 또 개인적인 소망은 우리가 지훈이에게 음악을 할 수 있는 공간을 만들어 주면 좋겠는데 그건 여력이······. 지금 열심히 노력을 해도 더 오랜 세월이 흘러야 될 것 같아서 슬프죠.

졸업하면 진로가 제일 문제죠. 주변에서는 교수님께서 학교 일거리를 작은 것이라도 주시면 그게 아이한테는 가장 행복한 일일 것 같다고 하는데 감히 이야기를 못하겠어요. 지훈이가 음악이라도 할 수 있게 누가 좀 받아 주면 감사한데 그것도 아직까지 미지수니까요. 현재는 진로가 이렇다 저렇다 단정 지을 수가 없어요. 음악을 하려는 애니까 지훈이의 음악이 필요한 곳이 어딘가에 꼭 있었으면 좋겠어요.

🗄 사회적 지원 체계에 대한 요구

지훈 씨의 어머니는 장애학생들의 재능을 선발하여 집중적으로 가르치는 교육적 지원 체계가 부족함을 아쉬워하였다. 현재의 교육은 일반인 학생 위주로 짜여져 있기 때문에 지훈 씨와 같은 장애 학생이 설 자리는 매우 좁은 것이 현실이라고 그의 어머니는 말하였다. 그처럼 운이 좋게 조기특수교육을 받고 좋은 교사를 만나기란 쉽지 않은 일이기 때문이다.

잘하는 아이들 쪽에만 교육제도가 맞춰져 있고 하니까 저희들이 어디 가서 재능을 발달시키기가 어렵죠. 그리고 애들의 재능을 살펴 주면서 성장하도록 이끌어 줄 수 있는 사람이 있어야 되잖아요. 그런 것이 없으니까 저희들이 많이 힘들죠.

지훈이와 같은 아이들은 특수성이 있잖아요. 장애 때문에 가려져서 그렇지 음악도 잘하고 암기력도 있고 좋은 부분이 많아요. 교육을 통해 아이들에게서 재능을 끌어내고 아이들 머릿속에 그걸 다시 모양새를 다듬어서 넣어 줘야 되는데, 그런 프로그램을 받을 수 있는 곳을 찾을 수가 없어요. 저희 같은 경우는 찾아갈 곳이 없어서 너무 힘들고 어려웠어요.

또한 현재의 장애인 복지지원 범위가 차상위계층을 배제하는 경우가 많아서 지훈 씨의 집이 경제적으로 그리 넉넉지 않음에도 복지 혜택을 거의 누릴 수 없어서 힘겹다고 하였다. 마지막으로 대부분의 장애아동 지원 체계가 특수학교에 재학 중인 장애학생을 기준으로 이루어지는 점을 지적하며 그런 방식으로는 장애학생의 재능 계발에 어려움이 따를 것이라고 하였다.

장애인 가정을 위해 제도적으로 전화 요금 몇 퍼센트를 할인해 주고 또 차량 혜택도 있긴 하지만 그것도 사실 생계에 필요한 차량은 안 돼요. 승용차만 되거든요. 그런 것도 얼마나 의문점인데요. 우리가 지금 개인택시를 하는데 그런 것은 지원이 안 돼요. 그게 얼마나 모순인지 몰라요. 우리 같은 경우에는 장애를 가진 아들이 둘이나 있는데, 개인택시면 차량을 구입할 때 등록세가 면제되어야 하는데 하나도 안 돼요. 승용차에 한해서만 돼죠.

복지제도가 재택하는 아이들 쪽으로도 신경을 써 주면 좋을 것 같아요. '중산층 수준이 안 되고 우리처럼 이렇게 어려운 가운데서도 자식을 끌어안고, 품에 안고서 교육시키고 생활하는 사람들한테 조금 지원이 되면 어떨까?' 하는 생각은 예전부터 했어요. 우리 같은 엄마들은 애들을 돌보면서 절대 경제 활동을 못해요. 남편의 생활능력이 좋은 사람들은 괜찮겠지만……. 정말 어려운데도 이 작은 임대 아파트라도 하나 있으면 전혀 혜택을 못 받아요. 그런 게 많이 어려운 것 같아요.

제가 주장하고 싶은 것은 특수아동들의 심리 상태나 생활상, 특수아동들에 대한 교육을 특수교사나 그들의 부모만 받을 게 아니라, 일반인들도 특수교육에 관심을 가지고 이런 아이들이 이렇게 살 수 있다는 사실을 알게 된다면 우리 아이들이 사회에 통합하는 데 많은 효과가 있지 않을까 하는 생각이 들어요.

면담이 끝나갈 무렵 지훈 씨는 자신이 작곡한 곡을 피아노로 들려주었다. 좁은 방 한 구석에 놓인 검은색의 낡은 피아노에서 그의 손가락을 통해 흘러나오는 선율은 너무나 서정적이고 감미로웠다. 그 아름다움이 흐려지거나 묻히지 않도록, 그와 같은 처지의 다른 누군가에게서도 그러한 아름다움을 찾아내기 위해, 그들이 무엇을 필요로 하는가에 대한 우리 모두의 진지한 고민이 다시금 시작되어야 한다.

클라리네티스트를 꿈꾸는 조금 특별한 소년

지금까지 발달장애 학생들에게 예술고등학교 진학은 예술 대학교 진학보다도 높은 벽이었다. 예술고등학교의 수가 적을 뿐만 아니라 교육 목표의 공공성이 대학보다 상대적으로 약하기 때문에 장애학생의 예술고등학교 진학은 쉽지 않았다. 그러나 2007년 3월, 한 발달장애 학생이 그 높은 벽을 넘어 예술고등학교에서의 새로운 생활을 시작하였다. 발달장애 학생으로는 최초로 예술계 고등학교 클라리넷 전공에 진학한 강민호 군은 현재 청소년교향악단 단원 활동, 예술제 출전, 개인 연주회 개최 등 다양한 음악 활동을 펼치고 있다.

발달장애 진단과 조기특수교육 서비스

민호 군은 돌이 지났음에도 불구하고 말이 더뎠고 자해적 성향을 종종 보였지만 가족들은 그에게 장애가 있을 것이라고 생각하지 못하였다. 발달이 약간 더딘 것이라고 여겼던 가족들의 예상과 다르게 그는 생후 30개월에 발달장애로 진단을 받았다.

점점 민호가 달수가 넘어가면서 여러 가지 자폐 증세를 보이더군요. 예를 들면, 자해를 많이 했어요. 벽에다 머리를 찧고, 그다음에는 돌아가는 바퀴에 집착했어요. 바퀴가 돌아가는 것을 보고 있는 얼굴이 완전히 혼이 빠져 있었어요. 그리고 TV에 증권 시세 뉴스 끝나고 나오는 음악 있죠. 굉장히 자극적인가 봐요. 민호를 씻기고 있는데 그 음악이 나오면 갑자기 뭐에 홀린 것처럼 막 뛰어가 TV 앞에 앉아서 그걸 끝까지 보고 와요. 그런 행동이 반복되고 말도 늦어서 30개월이 되었을 때 대학병원에 가서 진단을 받았는데, 자폐는 아니고 환경에 의한 언어장애로 진단을 받았어요. 저는 그게 100% 후천적인 요인이라고 생각하지는 않아요. 물론 엄마 혼자 보듬어 키우는 환경이었다면 더 좋았을 수도 있지만, 환경도 악조건으로 일조를 했고 선천적으로 그런 부분이 약하게 태어나지 않았나 하는 생각을 해요.

초등학교 교사인 민호 군의 어머니는 조기특수교육이 그에게 큰 도움이 될 것이라 생각하여 적극적으로 관련 서비스를 찾아보기 시작하였다. 그의 어머니는 소아정신과에서 일주일에 한두 번 물리치료를 받는 것이 충분하지 않다고 생각하였다. 그래서 수소문 끝에 유아특수교육을 실시한다는 안양 지역의 특수유치원을 찾아냈고 입학 대기 끝에 그를 입학시켰다. 민호 군은 초등학교 특수학급에 진학한 이후에도 꾸준히 별도의 언어와 물리 치료를 받는 등 어린 시절부터 현재까지 꾸준히 특수교육 관련 서비스를 받고 있다.

30개월에 진단을 받은 때부터 소아정신과에 물리치료를 다니다가, 일주일에 두 번 물리치료를 받는 것으로는 큰 효과가 없겠다 싶어서 특수유치원에 보냈어요. 그 당시에 안양에 굉장히 유명한 특수유치원이 있어서 신청을 하고도 대기자 명단에서 한참을 기다리다가 들어갔어요. 특수유치원을 다니면서 말이 늦다 보니까 혀가 굳었다느니 그런 말을 하더라고요. 그래서 언어 개별 치료를 꾸준히 초등학교 3학년 때까지 받았어요. 그런 부분이 어려웠다면 어려웠는데, 지금도 민호가 말이 많이 어눌해요. 그래서 처음 만난 사람들은 많이 어색해하는데 그렇다고 대화가 안 될 정도는 아니에요.

 ## 어머니의 헌신적 노력과 긍정적 인생관

민호 군이 발달장애 진단을 받았을 당시, 초등학교 교사였던 그의 어머니는 사회생활로 바쁜 자신이 자녀를 소홀하게 대해서 생긴 일이라는 죄책감에 시달렸다. 하지만 조기특수교육을 받고 가족들이 적극적으로 지원한다면 그의 성장에 좋을 것이라는 강한 믿음을 가지고 있었다. 어머니는 자신이 근무하는 초등학교에 민호 군을 입학시켜 6년간 가까이에서 학교생활을 도왔고, 그가 초등학교를 졸업하던 해에는 명예퇴직을 결정하였다.

진단을 받으면 사실 참담하잖아요. 어찌 됐건 의사 선생님이 양육 환경에 의한 장애라고 말씀하셨으니까 부모로서 죄책감도 들고, 내가 잘못했구나 하는 생각도 들었죠. 그런데 제가 초등학교 교사였기 때문에 그때 30개월이면 우리 나이로 네 살이 되는 건데 조금 있으면 민호를 학교에 보낼텐데 싶어서 초등학교 6년을 저랑 같은 학교로 데리고 다녔어요. 일반 학교로요.

교사는 민호가 초등학교 졸업할 때 그만뒀어요. 마침 명예퇴직을 할 수 있어서 상황이 좋은 편이었죠. 중학교에 보내려고

하니까 아이를 무인도에 보내는 것 같고 마음이 편하지가 않더라고요. 다행히 남편이 "민호를 위해서 당신은 전념을 해라."라고 말해 줘서 민호가 중학교에 들어갈 때 퇴직했어요.

중학교에 진학하던 시점에 민호 군의 가족은 특수학급 상황과 기타 교육 환경이 좋다고 판단한 분당으로 이사하였다. 중학교에서도 그의 어머니는 자모회 활동 등을 적극적으로 하였으며 담당 특수교사와 지속적인 면담을 통해 민호 군의 교육과 진로에 대해 점차 구체적으로 생각하게 되었다. 예술고등학교의 특별전형 입학 정보도 어머니의 이러한 헌신적 노력과 긍정적 인생관에서 기인된 것이라 할 수 있다. 현재 어머니는 모든 상황을 매우 긍정적으로 바라보며, 특히 진로 문제가 구체화된 중학교 이후의 일에 대해 깊은 감사의 마음을 가지고 있었다.

분당에 아무 연고도 없고 아는 사람도 없었지만 성남시 교육청 홈페이지에 들어가 특수반이 있는 중학교를 찾았는데, S중학교가 있더군요. 그래서 S중학교 특수반을 목표로 그 학교 주변에 집을 골라 이사를 했어요.

민호가 이런 길을 갈 수 있다는 것을 다른 사람들이 알게 되어 희망을 갖게 된다면 그것이 좋은 일이 아닐까 생각해요. 신문에 기사가 나가고 여기저기서 민호를 보고 희망을 찾았다, 나도 하고 있다, 어떻게 하면 되느냐 물어보는 사람도 많아요. 아직은 미미하지만 나중에 민호가 정말 잘돼서 대학까지 졸업을 하고 전문 연주자로 서게 되면 많은 사람들을 위해 큰일을 할 수 있지 않을까 생각해요.

🎁 음악 재능의 계발

어머니의 적극적인 관심과 후원 속에서 민호 군은 초등학교 입학 전부터 다양한 예체능 활동을 경험하였다. 물론 대부분 오래하지 못하고 포기했지만, 우연한 기회에 남동생이 5년 넘게 배우고 있던 클라리넷을 시작하게 되었다.

제가 볼 때 어차피 학습으로는 일반 애들이랑 경쟁이 안 되니까 그러면 예체능이지 않겠나 하는 생각을 한 거예요. 그래도 뭔가 자기가 살살 수 있는 것을 찾아 줘야 할 텐데, 분명히 신이 일인일기를 주셨다는데, 부족한 가운데에서도 뭔가 민호에게도 재능이 있을 텐데……, 부모로서 그것을 발굴하는 것이 의무가 아니겠어요? 그래서 취학 전부터 정말 다양하게 시도를 해 봤어요. 미술도 해 보았고요.

선생님께서 민호를 한 달만 시험 삼아 가르쳐 보시면 어떻겠느냐고 말씀을 드렸더니 선생님이 해 보시겠다고 하셨어요. 선생님은 왜 민호는 안 시킬까 하는 마음이 있었다고 하시더라고요. 클라리넷이 호흡 조절이라든지 처음에 소리 내기가 힘든 편인데, 첫날 어찌 됐건 소리를 내고 그러면서 동생 악기를 빌려서 한 번, 두 번 수업을 받게 되었죠. 그리고 나서 선생님이 이건 민호 체질에 맞으니 하면 좋을 것 같다고 권하셔서 시작을 하게 됐어요.

클라리넷을 상당 기간 배웠지만 전공으로 삼겠다는 생각을 하게 된 것은 최근의 일이다. 중학교 특수학급 담임교사의 권유로 출전하게 된 성남시 예술제에서 민호 군은 대상을 받게 되었다. 결과에 고무된 그와 가족은 민호 군이 클라리넷에 재능이 있음을 인정하고 재능을 계발하는 데 적극적으로 지원하게 되었다. 이후에도 다양한 경연대회에 출전했고 그때마다 민호 군은 우수한 성적을 냈으며 클라리넷 실력도 점차 향상되었다.

2006년 6월에 전국 장애인 예술제가 있었어요. 권위 있는 전국 대회였는데, 네 손가락 피아니스트 희아도 전국 장애인 예술제 최우수상 출신이죠. 심사위원도 대학 교수님들이었고요. 민호는 예술제를 위해 6개월간 열심히 연습했어요. 그런데 그런 큰 대회에서 민호에게 최우수상을 주시더라고요. 그래서 그때 정말 고무됐고, 목표를 정하게 됐죠. '좋다. 민호가 갈 길은 이 길밖에 없다. 전문적으로 공부해 클라리넷 연주자가 되어서 남에게 꿈을 전하는 사람이 된다면 얼마나 보람 있는 인생인가.'

라는 생각을 하게 되었죠.

민호 군은 그 밖에도 지역 내의 청소년 악단의 단원으로서 활발한 연주 활동을 전개해 나가고 있다. 이러한 청소년 악단 활동에 대해, 어머니는 단순히 음악 실력이 향상되는 것 이상으로 자연스럽게 일반 사람들과 어울리는 과정 자체가 그의 사회성 개선에 큰 도움이 된다고 평가하였다.

성남시에는 성남청소년교향악단이 있는데 민호가 거기 단원이에요. 남동생이 먼저 단원이 됐고, 지휘자 선생님이 민호에 대한 얘기를 듣더니 데리고 오라고 하셔서 들어가게 됐어요. 작년에 대만에서 협연을 했죠. 오케스트라 활동을 할 때 자신의 악보만 보는 게 아니라 합주 연습할 때 쉬었다가 자신의 파트에 들어가고 하는 것도 아주 큰 공부가 돼요. 거기서 느낌을 많이 받았죠.

🎁 훌륭한 교사와의 인연

동생에게 클라리넷을 가르치던 교사가 민호 군에게 클라리넷을 지도하기 시작했지만 어려움이 컸다. 연주하기 힘든 부분이 나오면 그는 여느 장애아동들처럼 소리를 지르고 물건을 집어 던질 때도 있었다. 하지만 교사는 차분히 그를 가라앉히고 수년간 성심껏 지도하였다. 이에 대해 어머니는 '평생의 은인'이라고 표현할 정도로 감사한 마음을 지니고 있다. 예술고등학교에서 만난 담당 교사도 민호 군에게 호의적이고 긍정적인 마음을 보여 주어서 그의 음악 공부는 상당히 순조롭게 이어지고 있다.

처음에 레슨해 주신 선생님은 참다운 은사이신데, 어려운 부분을 다 이겨 내신 분이세요. 저희 집에 한 3년 오시고 나서 민호의 수업을 시작했으니까 민호를 어렸을 때부터 가르치지는 않았지만 동생을 가르치러 오시면서 꾸준히 만났죠. 그것이 민호에게 도움이 됐을 것이라 생각해요. 어느 날 갑자기 생뚱맞게 모르는 선생님이 오는 것보다 그래도 익숙하게 늘 보던 분이 가르쳐 주는 것이 도움이 됐던 것 같아요. 선생님이 특별히 특수 교육에 대해 배운 것은 아니었지만 학생을 사랑하는 애정은 통하는 것 같아요. 오늘의 민호가 있을 수 있는 것은 바로 그분 덕분이에요. 아마 평생 그분을 잊지 못할 것 같아요.

엄마가 옆에 있으면 더 어리광을 피우고 힘들다고 투정을 할까봐 선생님이 오시면 밀어 넣고 문을 닫았어요. 그러면 안에서 민호가 소리를 지르고, 못한다고 떼를 쓰는데 선생님은 인내심을 갖고 가르쳐 주셨죠. 그러면서도 저한테 한 번도 힘들어서 못하겠다 이런 말씀이 없으셨어요. 그 상황을 제가 잘 아니까 선생님이 방에서 나오실 때 눈을 마주칠 수가 없었어요.

예술고등학교에 와서 새롭게 클라리넷을 가르쳐 주신 선생님은 민호 얘기를 들으시더니 내가 해 보겠다, 맡아 보겠다 하셔서 시작하게 됐어요. 우리가 감사해야 할 일인데, 오히려 그분이 민호를 만난 것이 자신에게 감사한 일이고 민호를 통해서 배우는 게 많다고 블로그에 올리신 글을 본 적도 있어요. 민호는 참 선생님 복이 많은 것 같아요.

🗄 예술고등학교 진학

예술고등학교의 특별전형 정보를 알지 못했던 민호 군의 어머니는 그를 실업계 고등학교에 진학시켜 클라리넷 공부를 계속할 것으로 결심했고 원서까지 제출하였다. 그러던 중에 경기도교육청 고등학교 입시 관련 위원회에 참석했던 민호 군의 특수학급 담임교사가 예술고등학교의 특별전형에 대해 알게 되었고 그 내용을 어머니에게 전하였다. 가능성이 있을 것이라 생각한 어머니는 실업계 고등학교에 제출했던 원서를 철회하고 경기도교육청 문을 두드렸다. 민호 군의 입학 결정을 위해 경기도교육청 특수교육운영위원회의 회의가 열렸고 예술고등학교의 오디션을 거쳐 드디어 입학하게 되었다.

특수학급 담임 선생님이 도교육청에 가셨었는데, 그 자리에 장애를 가진 체육특기자 학생이 왔다는 거예요. 그래서 체육특기자가 특별전형을 할 수 있다는 것을 선생님도 모르셨는데, 그렇다면 하고 그 순간 민호 생각을 하신 거죠. 체육특기로 체고를 간다면, 민호도 한번 예고를 지원해 볼 수 있지 않겠나 하는 마음이 드셨대요.

도교육청에서 특수교육운영위원회 회의가 열렸어요. 회의에 참석한 모든 분들이 만장일치로 민호의 재능을 인정하고 선정 배치를 시켰고, 그 전에 이미 예고에 가서 테스트를 받았던 상태였죠. 그것도 원래 테스트 기한이 끝난 거였는데 해 달라고 조르다시피 해서 했던 거예요. 나중에 들으니 테스트를 해 본 예고 교장 선생님의 추천서를 긍정적으로 받은 것이 합격에 주효했다고 하더라고요. 만약 예고 쪽에서 이 아이는 수학능력이 없다 하면 아무리 특수교육운영위원회가 있어도 무조건 입학시킬 수는 없잖아요. 예를 들어, 민호가 수업할 때 다른 학생들을 방해한다든지 그러면, 내 자식만을 생각하면 상관없겠지만 남에게 민폐가 되는 일은 사실 그건 어려운 일이잖아요. 그런데 학교 쪽에서 긍정적으로 힘써 주고 고마운 일이에요. 이렇게 배치가 된 경우가 제가 정확히 모르지만 시각장애인이나 지체장애인을 제외하고 발달장애로는 처음이 아닐까 생각해요.

 예술고등학교에서의 만족스러운 생활

다행히도 민호 군은 수업 분위기를 저해할 만한 문제 행동이 거의 없는 학생이었다. 게다가 선생님과 친구들이 그의 입학을

호의적으로 수용하였고 덕분에 현재까지 학교생활은 무난하다.

  교장 선생님께서 입학식장에서 처음 하시는 말씀이 지금 네 명의 학생들에게 장학금을 줬는데 내 마음속에 진정으로 장학금을 주고 싶은 학생이 한 명 더 있다고 하시면서 민호를 소개하시더라고요. 우리 학교에 최초로 이런 학생이 들어왔는데 우리 학교가 기독교 교육을 표방하는 만큼 더불어 함께하는 교육이 돼야 하지 않겠냐 그러시면서 민호를 일어나라고 해서 박수를 쳐 주셨어요. 그렇게 학교에서 유명 인사가 되었죠. 교장 선생님의 말 한마디가 학교생활을 하는 데 굉장히 큰 도움이 됐을 거예요.

  반 아이들이 민호를 어떻게 보고 어떻게 대할까 하는 점은 늘 걱정이 되는 부분이죠. 하지만 예고 학생들이 굉장히 순수하고 심성이 곱다는 사실은 다행스러웠어요. 반 친구들은 민호의 특수성을 인정하고 자신들과 조금도 다르다고 보지 않고 오히려 아이의 부족한 면을 인정하고 배려를 많이 해 줬어요. 지금은 오히려 중학교 특수학급에 있던 때보다 훨씬 더 적응을 잘하고, 통합교육도 함께 너무 잘하고 있어요. 선생님들도 생각했던 것보다 민호가 아주 잘하고 있다고 말씀하세요.

사교육을 통해서만 클라리넷을 접할 수 있던 민호 군이 예술고등학교에 진학하면서 좋은 교사를 학교에서 쉽게 만날 수 있게 되어 그의 가족들은 내단히 만족스러워하고 있다. 중학교 시절보다 전문적으로 지도해 줄 좋은 교사를 만날 기회가 증가한 것은 그에게 여러모로 중요한 자산이다.

음악 관련 수업은 어느 정도 따라가지만 다른 교과는 거의 이해하지 못해요. 그래도 하여간 예고는 3분의 1은 전공과 수업이라서 그 수업만큼은 자기가 즐기면서 할 수 있으니까 그게 얼마나 큰 혜택이에요.

예술대학교 진학과 전문가로서의 미래

어려워 보이던 예술고등학교 입학에 성공한 민호 군의 어머니는 그의 예술대학교 진학에 상당한 기대와 희망을 품고 있다. 어머니는 그가 일반 학생들에 비해 인지능력은 떨어지지만 연주 수행 능력은 뒤지지 않는다는 사실을 학교 측에서 인정해 준다면 장애인 특별전형을 통해 입학이 가능할 것이라 생각하고 있다. 그리고 그가 좋은 고등교육을 받고 전문가로서 자신의 재능을 펼치며 자리매김하기를 간절히 바라고 있다.

대학을 음대 쪽으로 가서 전문적인 교육을 받았으면 좋겠어요. 필요하다면 유학까지 가서 공부를 한 다음에 전문 연주자의 길을 걷게 하고 싶어요.

대학에서도 아이들의 특수성을 인정하고 특별전형으로 들어갈 수 있는 길을 열어 주면 좋겠어요. 어차피 특기생으로 가는 거니까, 클라리넷을 잘한다면 인지적으로 취약한 부분들도 좀 이해해 주는 길이 열려야 하지 않을까 생각해요.

전문가의 길을 가려는 생각을 하고 시작을 한 것은 아니었잖아요. 다른 어머니들한테도 늘 말하는 것이 꼭 자녀가 이것을 해서 뭔가 밥벌이가 되고 직업이 될 서라는, 그런 큰 꿈을 갖기

보다는 뭔가 한 가지 재능이 있고 남 앞에서 그것을 당당히 펼쳐 보일 수 있다면, 그 자체로 얼마나 행복하냐는 거예요. 내가 부족한 몸이지만 남을 위해, 예를 들어서 복지관이나 양로원 같은 곳에 가서 연주를 할 수 있다면 그것만 한 인생의 보람이 어디 있겠어요. 그런 역할만 한다고 해도 사는 보람을 느낄 수 있는 거니까 그런 역할을 할 수 있는 것만도 충분하게 생각을 하고 감사해야 한다는 말이죠. 저 역시 그래요. 민호가 전문 연주자의 길을 가지 않고 정말 중간에 힘들다고 포기를 하더라도 이미 자기가 습득해 놓은 재주가 있으니까 그걸 가지고……. 제가 민호한테 그러거든요. "너 일흔 살이 되면 실버아파트에 들어가서 양로원 다니며 연주할 수 있어."

생애의 각 시기마다 제공된 특수교육과 열정적인 부모님과 교사의 노력 그리고 그 과정을 즐기며 행복해하는 민호 군. 축복받은 그가 전문 연주자로 우뚝 서서 아름다운 클라리넷의 선율을 들려주기를 기대한다.

마음껏 날아올라라, 판소리 소년

2007년 7월 한 예술전문대학이 주최한 청소년 예술제에서 경이로운 심사 결과가 발표되었다. 발달장애 2급인 자폐성 장애학생이 일반 학생들과 당당히 겨뤄 판소리 부문 고등부 2등을 차지한 것이다. 고도의 집중력과 노력을 요하는 판소리에서 최진오 군이 이루어 낸 성과는 사실 예견된 일이었다. 자폐 극복에 도움이 되지 않을까 하는 희망으로 시작했던 판소리에서 그는 꾸준히 기대 이상의 잠재력을 보였다. 판소리를 배우기 시작한 지 2년만인 2002년 4월 그는 한 시간 30분의 '흥보가' 발표회를 했고, 2006년에는 '춘향가' 발표회를 열면서 실력을 계속 키워 가고 있다. 2006년 진오 군의 개인 발표회에 참석했던 판소리 인간문화재 박송희 선생님도 "박자도 정확하고 음정도 좋다. 제대로 정확히 배웠다."라고 인정할 정도로 그의 음악적 성장은 높은 평가를 받았다.

작은 관심이 날개가 되다

진오 군이 초등학교 4학년이 되었을 때 어머니는 우연히 진오 군의 어릴 적 교사를 다시 만나게 되었다. 그는 진오 군이 청소년이 되면 스트레스가 심해질 수 있으니 이를 해소할 수 있는 무언가를 가르칠 것을 권하였다.

진오를 건성으로 보고 그냥 보호만 했더라면 진오가 무엇을 잘하는지 모르잖아요. 특수교육 선생님이 진오가 음악에 관심이 있고 운동보다는 두드리는 뭔가를 하면 좋겠다며 제안을 해 주신 게 아이 발달에 결정적인 계기가 된 거잖아요. 그렇게 관심을 가져 줬다는 것이 중요하죠.

이에 동의한 진오 군의 어머니는 사물놀이를 가르칠 생각에

구청 근처의 국악학원을 찾아가게 되었는데, 당시 학원에서 가르치던 강사의 전공이 판소리였다. 진오 군은 점차 판소리에 흥미를 보였고, 집에서 개인 레슨을 시작하게 되었다.

복지관에서 언어치료와 물리치료를 받았었는데, 구청 밑에 국악학원이 하나 있더라고요. 그래서 거기를 갔어요. 그때 마침 가르치는 선생님이 판소리 전공자셨죠. 만약에 민요 전공자였으면 민요를 배웠을 거예요. 왜냐하면 무엇을 정하고 배워야겠다고 간 게 아니었거든요.

판소리를 배우기 시작한 이후 진오 군은 높은 몰입도와 집중력을 보였으며, 이 과정을 통해 그가 상당한 음감을 지니고 있음을 알게 되었다.

정말 처음부터 판소리를 좋아했어요. 진오가 운동을 안 해요. 학교에서 운동을 하라고 하면 가만히 서 있어요. 그런데 음악을 틀어 주면 음악에 맞춰서 하는 율동은 뻣뻣하긴 하지만 하나도 안 틀리고 잘 따라해요. 그러니까 음악은 다 기억하는 거예요. 다른 아이들은 율동을 기억하지만 진오는 음악으로 기억해서 이 음악이 나올 때는 이런 자세, 이 음악이 나올 때는 이런 스텝. 그렇게 하니까 운동보다 무용을 하면 몸을 많이 움직여요.

고등학교에 들어갔는데 선생님이 그러시더군요. 진오는 모든

걸 음으로 기억하는 것 같다고. 처음에 아이들 출석 부르잖아요. 김철수, 이지민 이러면 도미솔, 레미파 계속 옆에서 중얼거린대요.

차 타면 창문을 열고 그래요. "엄마, 바람의 향기가 너무 좋아." "엄마, 노래하는 것 같아." 굉장히 감성적이에요. 소리나 이런 것에 민감하니까 잠을 깊이 못 자요.

🎁 판소리를 배우며 희로애락

진오 군의 가족들은 아이의 인지적 · 정서적 성장에 판소리가 도움이 될 것이라는 믿음을 가지고 있었다. 단순히 소리꾼으로서 성장하는 것을 원하는 것이 아니라 일상생활을 할 때 필요한 요소, 특히 언어적 부분이 판소리 학습을 통해 향상되기를 기대하고 있다.

예를 들면, 한두 시간 가량을 집중해서 무언가를 하면 보통 사람들도 힘들다고 하잖아요. 하지만 그게 일상생활에도 그대로 이어지는 게 우리의 바람이죠. 판소리 두 시간 하는 것이 중요한 게 아니라 두 시간 동안 이어지는 인내력, 집중력 이런 모든 것들이 일상생활에도 옮겨질 수 있다면 좋겠어요.

판소리를 배우다 보면 거기에 "여봐라, 이리 오너라." "새가 날아간다." 이런 거 나오잖아요. 차 타고 가다가 "엄마, 새가 날아간다. 여봐라, 이리 오너라."라고 하면서 그 상황에 맞게 말을 배워요. 상황에 맞게 말을 하는 게 아니라 배웠던 말을 상황에 끌어들여서 쓰는 거예요. 그래서 저는 판소리 선생님한테도 "얘가 소리를 잘하기를 바라는 게 아닙니다. 못해도 좋으니까 한 문장을 해도 발음을 똑바로 하게 해 주세요. '아빠'를 '아파'라고 하면 혼내 주세요. '쌀'을 '살'로 발음할 때는 '쌀'이라고 할 때까지, 그렇게 발음 위주로 해 주세요."라고 부탁드렸어요. 선생님도 거기에 대해서는 확실한 인식이 있으셔서 그렇게 지도해 주세요. 한 시간을 똑같은 말을 반복하니까 발음도 좋아지고, 그것을 또 외우니까 도움이 되는 것 같더라고요.

판소리를 하려면 호흡이 길어야 돼요. 호흡이 길지 않으면 못하니까 계속 연습하다 보니 폐활량도 좋아지고, 선생님께서 계속 "똑바로 앉아! 허리 펴!"라고 하시니까 자세도 좀 좋아지고, "지금부터 30분 동안 무조건 쉬지 않고 한다." 이런 식으로 하니 자기 통제력과 집중력도 강화되는 것 같아요.

전문 소리꾼의 가능성을 믿지 않던 진오 군의 가족들은 그가 전국 청소년 국악 경연대회에서 일반 학생들과 동등하게 실력을 겨뤄 우수상을 받자 달라지기 시작하였다. 진오 군의 재능이 결코 뒤떨어지지 않는다는 자신감을 얻었고 긴장된 상황에서도 담담하게 자신의 실력을 발휘하는 그를 적극적으로 격려

하며 지원하기 시작하였다.

　진오는 안 떨어요. 무대 체질이에요. 자기가 하고 싶은 대로
해요. 발림도 선생님이 요렇게 가르쳐 주면 보통 애들은 요렇게
만 하는데 우리 애는 하다가 흥이 나면 막 이렇게도 하고, 저렇
게도 하고, 그게 어떻게 보면 굉장히 유연해 보이고 어떻게 보
면 학생답지 못하게 보일 수도 있어요. 장점이자 단점이죠. 그
런데 그것과 상관없이 애가 그만큼 의식하며 하고 있다는 것이
거든요. 그런 면에서 보통 애들과 다르게 소리 자체를 즐길 줄
안다는 거죠. 그냥 부르는 거예요. 진오는 대회 나가서 상을 타

려고 판소리를 하는 것도 아니고 누구한테 인정받으려고 하는 것도 아니에요. 그저 그걸 하는 동안 너무 즐거워서, 그 소리를 몸으로도 표현하게 되는 거죠.

무대에 서고 나면 진오는 아주 똘망똘망해져요. 그걸 피부로 느껴요. 안 하던 말도 하고 "여러분 제 소리 들어 보셨어요?"라는 말도 해요. "잘 들으셨어요? 재미있어요?"라고 물어보고 자기 스스로 우러나서 말을 하는 거예요. "또 놀러 오세요."라는 말도 하더라고요. 그 맛에 계속 가르치게 되는 것 같아요.

🗃 어머니의 아낌없는 지원

진오 군의 어머니는 특수학교가 아닌 일반 초·중·고등학교 과정을 선택하였다. 이는 자폐성 장애를 보이는 진오 군의 사회성이 일반 학생들과 생활하면서 조금이라도 나아질 것이라는 기대에서 비롯된 것이었다.

비록 진오가 특수학교에 갈 만한 상황이지만 조금 무리를 해서라도 애한테 좀 더 바른…… 바르다고 해서 우리 아이들이 비뚤어졌다는 말은 아니고, 보통의 일반적인 사람들 모델을 보여 주어야 진오가 그걸 보고 배우고 익히잖아요. 진오는 사회성도 없고 남을 모방하지 않는 게 가장 큰 발달의 장애니까요.

별도의 통학 서비스를 제공하지 않는 일반 학교에 진학한 진오 군은 고등학생이 된 지금까지도 어머니와 함께 매일 등하교를 하고 있다. 또한 전체 생활비의 3분의 2가량을 그의 판소리 교육비에 투자하는 상황이며, 어머니는 진오 군의 학교생활과 개인 레슨의 모든 일정을 확인하고 관리하고 있다.

일반 초등학교를 다녔어요. 진오가 일반 학교를 갈 수 있는 상황은 아니었지만 무리해서 갔어요. 초등학교도 1년 늦춰서 갔고, 제가 4학년 때까지 교실에 늘 붙어 있었고, 지금까지도 그렇지만 교실에 있는 시간 외에는 매시간 제가 들여다보고 확인하고 체크하고 어디나 같이 다녀요.

어머니는 진오 군이 전문 소리꾼으로 개인 활동을 하기 위해 필요한 음반 발매와 연주회 준비 등을 적극적으로 진행하고 있다. 정부 부처나 비영리 단체 등에서 주관하는 지원 사업 기금 등을 신청하여 장학금을 지급받기도 했고, 지인들의 도움으로 기금 마련 자선 음악회 등을 개최하였다.

작년에 한국장애인복지관협회에서 주관하고 사회복지공동모금회에서 후원하는 장학금을 받았어요. 인터넷에서 찾아보니까 신청하는 데가 있더군요. 장학금을 어떻게 쓸 것인지 기안을 올리게 되어 있었어요. 6년 배웠으니까 CD 음반을 만들고 싶었어요. 잘하지는 않지만 결실을 보여 주고 싶었고, 다른 사람들에게 나누어 줄 수도 있고, '우리 애들도 한번 시켜 봐야겠다.'라는 희망이나 용기를 줄 수도 있을 것 같아서 신청을 했었죠.

 상급 학교로의 진학, 그러나

초등학교의 경우 장애학생에 대한 문호가 상대적으로 넓은 편이었지만, 입시가 중시되는 중·고등학교에서 자폐성 장애아의 입학은 그리 환영받는 일이 아니었다. 집에서 가까운 학교 중 특수학급이 개설되었다는 곳을 찾아갔지만, 현실은 냉혹했다. 대부분의 학교들이 집에서 한두 시간 거리에 있거나 특수학급 운영을 사실상 하고 있지 않았다.

저는 득수학급이 설치되어 있다고 해서 찾아갔죠. 교감 선생님을 만나서 우리 아이가 지원을 하려고 하는데 학급이 어떻게 운영되는지 좀 보고 선생님하고 상담도 하고 싶다고 했죠. 그런데 교감 선생님께서 막 화를 내시면서 그런 것을 왜 여기 와서 묻느냐고 그러시는 거예요. 우리는 특수학급도 없고 교육청으로부터 설치 통보만 받았지 교사도 없고 교실도 없다면서 막 짜증을 내시더군요. 특수학급이 있는 학교를 가려면 다른 구까지 가야 한다고 했어요. 엄마인 내가 매일 등하교를 도와줘야 하는데, 그러기엔 너무 먼 거리라 포기했어요.

장학관님께 전화를 걸면 빨리 끊을 생각만 하시는 거예요. 자세히 설명도 안 해 주시고, 설명이 어려우면 '사이트 어디에 있습니다. 고등학교 입학은 이렇게 됩니다. 제가 문서를 작성해서 학교로 보내겠습니다.' 한마디만 하면 끝나는 일이에요. 전화를 해서 "서류 언제 써요?"라고 하면 "서류 보냅니다." 이렇게만 말하고 딱 끊어 버려요. 그 뒤로 뭘 물어볼 수가 없는 거예요. 또 전화해서 "서류가 안 왔다는 데요. 선생님이 어떻게 써야 한다는 데 어떻게 쓰는 거예요?" …… 이런 과정을 몇 번이고 반복하다 보면 사람이 악에 바치게 돼요. 전화를 하면 왜 열받게 하고 화나게 하고 싫어지게 만들고 욕하게 만들고 하냐고요. 공문 하나 내려 주면 선생님이 거기서 서류만 딱딱 써서 가져가면 되는 일인데……. 나중에 알고 봤더니 너무 간단한 일이더라고요. 그런데 그걸 사람이 계속 전화하게 하고, 전화하면 빨리 끊을 생각만 하고 단답식 대답만 해 주니까. 정말 사람들 인식이 빨리 바뀌어야 돼요.

사실 진오 군은 판소리 공부의 심화를 위해 예술고등학교 진학을 꿈꾸기도 했었다. 하지만 예술고등학교에서 요구하는 기숙사 생활은 그에게 어려운 일이었고, 그렇다고 매일 등하교를 하기란 불가능하였다. 또한 입시요강에 규정된 특별전형은 장애학생이 아닌 저소득층 자녀에만 초점이 맞춰져 있어서 장애학생을 위한 절차상의 어떠한 조정과 배려가 없었다. 진오 군의 가족들은 이미 상급 학교 진학 과정에서 마음의 상처를 입은 터라 결국 예술고등학교로의 지원을 포기하고 말았다. 대신 진오 군은 집에서 가까운 일반 고등학교에 진학하여 판소리 공부를 계속하고 있다.

　데리고 다니는 게 너무 멀었고, 지인을 통해 학교 측에 문의 를 드렸더니 경제적으로 어려운 아이들이 위주지 장애아동은 받지 않는다고 이야기를 하시더라고요. 사립의 경우에는 거액 의 기부금을 요구하셨어요. 하지만 기부금을 내면서까지 다니 고 싶지는 않았어요. 그렇지 않으면 똑같이 시험을 봐야 한다더 군요. 똑같이 시험 볼 거면 내가 왜 그런 얘기를 하겠어요. 어떤 배려를 바랐었는데 '배려를 바라는 것조차 내 욕심이구나. 여기 까지 누구의 도움도 없이 왔으니까 그런 식의 도움은 안 받고 싶다.'라는 생각이 들었어요. 국악고 나오지 않아도 대학은 갈 수 있는 거고, 대학 안 나와도 예술가로서 길은 갈 수 있잖아요. …… 국악고에 넣어 보고 안 되면 너무 창피하잖아요. 그리고 또 '합격했는데 너무 멀어서 못 다녀.'하고 내가 스스로 결정 할 수 있어야 자신감이 생기지, 그런 데서 패배 의식을 느끼고 싶지 않았어요. 내가 진오를 키우면서 제일 어려운 게 뭐였냐면 사람들의 시선이었어요. 궁색한 티 내고 싶지 않았어요.

🎁 학교생활의 어려움

장애학생을 위한 특별한 교육과정이나 지원 서비스를 제공하지 않는 일반 학교에 진학하여 공부하는 것은 쉽지 않았다. 수업 내용을 거의 알아들을 수 없지만 하루 7교시 가량을 앉아 있어야 했고, 진오 군에게 주요 교과라 할 수 있는 음악 교과는 일주일에 한 시간 정도뿐이었다.

그 점이 제가 진오한테 제일 미안한 부분이에요. 보통의 사람들이 사는 모습을 보고 배우게 할 의도로, 사회성을 향상시킬 의도로 무리하게 진오를 7교시 동안 앉혀 놓고 있는 거죠. 무슨 재미가 있겠어요. 알아듣지도 못하는데……. 쉬는 시간 10분 때문에, 애들이랑 점심 먹는 것 때문에 버티는 거예요.

고등학교 오면서 제가 사실은 손을 놨어요. '고등학교까지 가서 배우는 것은 무리다. 차라리 지금부터는 좋아하는 음악에만 열중하게 하고, 학교에서는 진짜 그냥 엎드려 자도 좋다. 출석만 해도 좋다.' 그러죠. 진오는 과목 중에서 영어를 좋아하고 잘해요. 그 이유는 영어가 리드미컬하잖아요. 보통 아이들은 두려워서 말을 안 하는 반면에 진오는 아는 것은 말하거든요. 발음이 안 좋아도 이야기하거든요. 그것 때문에 앉아 있어요. 그런데 음악이 한 시간밖에 없어요. 너무 조금이에요.

🧰 실질적인 사회적 지원에 대한 요구

진오 군의 어머니는 언론에서 장애예술영재를 흥미와 동정 어린 시선으로 다루는 것에 대해 강한 거부감을 표현했다. 그리고 현재의 장애학생 교육, 특히 예술 분야의 경우 전적으로 장애학생 개인과 가족에게 책임이 전가된 상황에 대한 개선 방안을 제시하기도 했다. 어머니는 국가에서 일부 지원하고 개인이 추가 비용을 지급하는 방식인 의료보험제도와 유사하게 장애학생들도 다양한 교육 치료 방법 중에서 원하는 것을 선택할 수 있어야 한다고 했다.

감기약 받듯이, 의료보험제도랑 똑같잖아요. 이렇게 해 주어야만 애들이 교육을 통해 더 건강해질 수 있어요. 보통 사람들과 비슷하게 살 수 있도록, 자꾸 음지로 돌아가지 않게요.

🧰 끝없는 도전

진오 군의 개인 독주회 프로그램 팸플릿에 부모님이 실은 인사말이다.

"진오는 어쩌면 평생 발달장애를 안고 살아가야 할지 모릅니다. 그러나 이제부터는 발달장애아 진오가 아니라 자연인 진오로 살아가길 바랍니다. 세상을 여는 문으로 진오가 선택한 길은 판소리였고, 그래서 그는 소리꾼이 되었습니다. 이제 덧문 하나를 더 열어 제치고 세상으로 나아가 소리꾼으로 여러분 앞에 서고자 합니다."

건반 위를 뛰노는 조그만 손

2007년 3월, 여러 사람들이 각자의 장기를 토너먼트로 겨뤄 우승자를 가리는 한 TV 프로그램에 조그마한 여자아이가 '다섯 살 천재 모차르트'라는 소개 멘트와 함께 무대에 올랐다. 그 여자아이는 피아노 앞에 앉아 '엘리제를 위하여' '즉흥환상곡'을 능숙하게 연주하였고, 패널로 출연한 가수가 부르는 노래에 맞춰 즉석에서 반주를 하였다. 어떤 멜로디든 한 번 들으면 그대로 연주할 수 있는 이 아이는 그날 프로그램에서 최종 우승을 차지했고, 방송이 나간 후 시청자 게시판 및 포털사이트에는 감동적이었다는 평이 줄을 이었다. 어린아이의 피아노 연주가 많은 사람들에게 그토록 감동적이었던 이유는, 은호가 안구가 없이 태어난 시각장애인이고 지금까지 정규 음악교육을 받아본 적이 없다는 사실 때문이었다.

시각장애아로 태어나 입양

2003년, 은호는 미숙아에다 안구가 없는 상태로 태어나 한 달여를 병원에서 지냈다. 은호의 친부모님은 당시 장애인 그룹홈을 운영하고 있던 현재의 양부모님에게 해외 입양을 의뢰해 왔고, 입양 가정이 나타날 때까지 은호를 맡아 주겠다고 한 것이 인연의 시작이었다. 은호의 양아버지는 스무살 때 큰 교통사고를 당해 목 아래로는 전혀 움직이지 못하는 전신마비 장애인으로 교회 예배 모임에서 지금의 아내를 만나 결혼을 하였다. 결혼 후 두 사람은 계획대로 포천에서 장애인 생활 공동체를 운영하게 되었다. 현재 이 그룹홈에서 함께 생활하는 장애인은 열두 명 정도이고, 낮 시간에만 방문하는 장애인도 있다. 낮에는 주로 마당에 마련된 작업장에서 함께 작업을 하고, 나머지 시간에는 사회 적응 및 생활 훈련을 실시하고 있다. 부부는 그룹홈에 입소한 장애인들을 교육하고 보호하는 역할을 담당하고 있다.

양아버지가 가진 중증의 장애와 평생 복용해야 하는 약물 때문에 아이에 대한 욕심을 버리고 있던 부부에게 태어난 지 한 달된 은호가 맡겨졌다. 처음에는 다른 아동기관과 시설에 문의를 해 보았으나, 돌도 지나지 않은 갓난아기라 힘들겠다는 답변뿐이었다. 작고 연약한 은호에게 가엾고 애틋한 마음을 가지게 된 부부는 고심 끝에 은호를 입양하기로 결심하였다. 은호의 양어머니는 입양 당시의 고민을 다음과 같이 밝혔다.

내가 과연 아기를 키울 수 있을까 고민 많이 했어요. 왜냐하면 그냥 장애인으로 입소를 해서 사는 거하고 딸로서 받아들이는 거하고는 다르잖아요. 앞으로 장래도 걱정해야 하고, 삶

자체를 책임져야 하니까, 부모로서 배 아파서 낳든 그렇지 않든 부모의 입장이 되어야 하니까 신중해야 했어요. 최종적으로 입양을 결정하게 된 가장 큰 이유는, 어차피 은호가 갓난아기 때부터 시설에 가게 되면 거기에서 거의 벗어나지 못해요. 어떤 곳이 될지 몰라도 정말 좋은 시설에 가서 아주 잘해 주면 몰라도 그렇지 않은 이상 그 안에서 죽을 때까지 있어야 된다는 생각이 들었어요. 나도 어차피 장애인 공동체를 운영하고 그러다 보니까 차라리 내가 키우는 것이 낫지 않겠나 생각이 들었죠.

은호는 현재 다섯 살로, 잔병치레 없이 건강하게 자라고 있다. 그러나 워낙 작고 약하게 태어나서인지 또래에 비해서 체격이 매우 작고 발달이 느리다. 또한 선천적인 시각장애로 사물 및 개념에 대한 인식이나 언어 인지와 표현이 떨어지는 편이나. 사물 및 상황 파악을 전적으로 청각과 촉각에 의존하고 있기 때문에 새로운 물건을 계속 만지고 반복적으로 "이게 뭐예요?"라고 물어본다. 그래서 부모님은 은호와 있을 때 끊임없이 말을 해 가며 사물과 상황에 대해서 하나하나 설명해 주며 가르치고 있다. 평상시 은호는 보채거나 고집을 부리는 적이 별로 없어서 키우기에 큰 어려움은 없다고 한다.

🗃 피아노를 만나다

　은호가 세 살 되던 해, 어머니는 아는 지인으로부터 중고 피아노를 선물 받게 되었다. 교회에서 성가대 활동을 하는 어머니를 따라다니며 항상 피아노 소리를 듣고 지내던 은호는 선물받은 피아노 앞으로 다가가 건반을 하나씩 눌러 보기 시작했다. 보통의 아이들은 피아노 건반을 눌러 보고 소리가 나면 쾅쾅 내려치는 행동을 보이는데, 은호는 조용히 피아노 건반의

가장 저음부터 고음까지 하나씩 여러 번 눌러 보았다. 어머니는 은호에게 노래를 들려주기 위해 피아노 의자 옆에 앉히고 '똑같아요' 동요를 서투른 반주와 함께 불러 주었다. 며칠 후 은호는 어머니가 불러 주었던 그 동요를 연주하였다. 혹시나 했던 어머니는 동요 테이프를 사서 은호에게 들려주었고, 은호는 그 동요들을 피아노로 그대로 연주하였다. 처음에 어머니는 은호가 동요를 연주하는 것을 대수롭지 않게 생각하고 넘겼다.

그러던 어느 날 어머니가 교회에서 지인과 대화를 나누고 있었는데 그 지인이 무척이나 놀라며 소리쳤다. "어머, 저것 봐! 은호가 피아노를 치네!" 무엇 때문에 그러나 하고 은호를 돌아봤던 어머니 역시 놀라고 말았다. 은호가 연주하고 있었던 곡은 평소 어머니가 흥얼거리던 가요 '사랑을 위하여'였다. 그 뒤 어머니는 혹시나 하는 마음에 컴퓨터로 클래식 음악을 찾아서 들려주었다. 은호는 동요나 가요와는 달리 클래식에 완전히 몰입하여 피아노를 연주해 나갔고, 매일 어머니에게 클래식을 찾아서 들려 달라고 졸라 댔다.

보통 애들은 피아노를 처음 치면 막 치잖아요. 쾅쾅쾅. 그런데 은호는 그렇게 치지 않았어요. 그냥 저음에서 고음까지 찬찬히 한 번씩 다 쳐 보고, 그걸 몇 번 반복하더라고요. 그리고 나서 제가 '똑같아요'를 한 번 쳐 줬는데, 건반을 다 외우고 그 노래를 똑같이 치더군요. 그 후로 동요를 들려주기 시작했는데 그 동요들을 모두 그대로 쳤어요. 세 살 때부터 그렇게 피아노를 치기 시작했어요. 그러다가 '사랑을 위하여'의 한 부분을 쳤어요. 저도 몰랐는데 교회 장로님이 알려 줬어요. 그때는 정말 놀랐어요. 동요야 그렇다 치더라도 가요는 또 다르잖아요? 혹시나 해서 클래식을 들려줬어요. 근데 클래식을 들려주면 은호가 흥에 빠져요. 세 살 때, 네 살 때부터는 아침에 일어나면 피아노에 앉았어요. 한동안은 자기가 혼자 푹 빠져서 피아노를 쳤어요.

은호는 네 살 때 '즉흥환상곡'을 연주하였다. 클래식 음악에 대해 잘 알지 못했던 부모님은 으레 은호가 연주하는 것이 잘 알려진 쇼팽의 '즉흥환상곡'이라고 생각했으나, 나중에 알고 보니 베토벤의 '즉흥환상곡'이어서 놀랐다고 한다. 그러다가 선물 받은 피아노가 너무 구형인데다가 건반도 은호가 누르기에는 무리가 있다고 판단되어 현재의 디지털 피아노를 구입하게 되었다. 디지털 피아노는 동시 발음, 음색 혼합, 악기소리 변경 등 다양한 기능을 갖추고 있어 한동안 은호는 또 이것저것 버튼을 눌러 보며 소리의 변화를 익혔다. 그러다 은호가 '소녀의 기도'를 연주하는데 원곡과는 조금 다르게 치는 것을 발견하였다. 왜 다르게 치냐고 물었더니, 은호의 대답은 "내가 지었어요."였다. 부부는 그냥 웃고 넘겼는데, 그 뒤로도 종종 은호는 같은 곡을 치다가도 변주를 하곤 하였다. 어느 날은 은호에게 '운명교향곡'을 들려주었을 뿐 피아노곡을 들려준 적이 없었는데 교향곡에서 다양한 악기가 내는 소리를 찾아서 그 소리에 맞게 피아노를 연주하였다. 바이올린 소리가 나면 바이올린 음에 맞게 연주를 하고, 트럼펫 소리가 나면 그 음에 맞춰 저음을 연주하는 식이었다. 컴퓨터로 클래식 음악을 틀어 놓고 은호가 피아노를 치는 것을 듣고 있으면 마치 두 사람이 함께 변주곡을 연주하는 것 같아 부부를 놀라게 하였다.

UCC로 세상에 알려지다

음악 교사에게 악기를 배우고 대회에 나가 수상하게 되면서 이름을 알리게 되는 보통의 경우와는 달리, 은호는 특이하게도 온라인에서 먼저 유명해졌다. 부모님은 은호가 피아노를 연주하는 동영상을 포털 사이트에 우연히 올리게 되었고, 이것이 누리꾼들 사이에서 입소문을 타며 유명해졌다. 그러던 중에 이 동영상을 보게 된 방송국 PD로부터 연락을 받아 일반인들끼리 재능을 겨루어 우승을 다투는 공중파 방송에 출연하게 되었다. '다섯 살 천재 모차르트'라고 소개된 은호는 첫 방송에서 패널과 시청자들에게 큰 반향을 일으키며 우승을 차지하였고, 그다음 주 방송에서도 우승을 차지하여 2회 연속 우승자에 이름을 올렸다. 두 번째 방송에서는 조그마한 손으로 피아노를 치며 노래를 함께 불러 많은 이들을 감동시켰다. 방송 직후 은호는 포털 사이트 인기 검색어 1위에 오르기도 하고 많은 언론 매체들이 앞다투어 취재 요청을 하는 등 많은 관심을 받게 되었다. 방송 출연의 이유에 대한 질문에 어머니는 "은호의 능력을 키워 줄 방법을 찾기 위해서."라고 대답하였다.

우리가 가진 게 많고 능력이 되고 재력이 충분하다면 은호가 가지고 있는 능력을 키워 줄 수 있는데, 우리는 지금 그런 능력이 없으니까 솔직히 수단과 방법을 가리고 싶지 않아요. 은호가 그렇게 해서 도움을 받을 수 있다면 해야 되는 거 아닌가 싶어요.

은호가 출연했던 프로그램의 담당 PD는 방송 후 다음과 같은 바람을 남겼다.

처음에는 은호가 방송을 통해 개안수술을 받을 수 있도록 주선해 주고 싶었는데 알고 보니 수술로도 회복될 수 없는 상태라고 합니다. 지금 은호에게 해 줄 수 있는 일은 좋은 피아노 선생님을 구해 절대음감을 살려 주는 것입니다.

 **교육, 앞으로의 과제**

아직 은호의 나이가 어리고, 거주 지역이 교육 서비스가 충

분하게 제공되는 곳이 아니어서 음악을 비롯한 다른 영역에서도 공식적인 교육을 시키고 있지 않은 상황이다. 은호가 가진 시각장애의 특성상 점자나 이동 훈련 등이 필요한 상태인데, 지금은 어머니가 점자책 하나를 가지고 은호에게 점자에 대해서 인식만 시키고 있는 단계다.

하루아침에 "너는 점자로 읽고 써라."라고 할 수는 없잖아요. 그래서 'ㄱ' 'ㄴ' 이런 것까지는 아직 아니어도 이렇게 생긴 것이 점자고 너는 앞으로 이것을 배워야 한다고 알려 주고 있어요. 이걸로 할 수밖에 없다는 것을 서서히 인정하게 만들어야죠. 그래서 엘리베이터 타거나 그러면 일부러 점자를 만져 보게 해요. 계단 앞에 보도블록 그런 거 있으면 "넌 여기로 가는 거야."라고 가르쳐 주지요. 가장 어려운 게 신호등인데, 색깔에 대한 구분도 어렵고, 빨간 불에 치가 가고 사람이 기다려야 하는 전체적인 상황에 대한 이해가 어려운 것 같아요. 몇 초 기다려야 한다는 시간 개념도 아직 미약하고요.

은호의 어머니에게 특수학교에서의 교육을 권하자 음악교육에 대한 우선순위와 획일적인 교육에 대한 우려로 다소 주저하는 모습이었다. 기본적인 문해력과 수리능력은 교육시키되, 정규적인 학교교육보다는 음악능력을 키울 수 있는 교육을 원하고 있었다.

두 마리의 토끼는 못 잡아요. 만약 은호가 재능이 없으면 그냥 특수학교 쪽으로 보내겠는데 저는 통합교육을 시키고 싶거든요. 만약에 일반 학교에서 받아 주면 보내고, 그게 아니면 요즘에 일반 교육이 재택교육으로 많이 대체되어 이루어지잖아요. 저는 학습적인 부분에 지나치게 치중하고 싶지는 않아요. 글은 필수로 알아야 되고 수에 대한 것도 다 알아야 되니까 기본적인 부분은 학습을 시키고, 나머지 부분에 있어서는 다양하게 경험할 수 있었으면 좋겠어요. 음악 같은 경우에는 많이 접하고 들을 수 있는 기회를 주고 싶어요.

은호의 방송이 나간 뒤 주위 사람들의 소개로 합주부를 운영하는 한 맹학교에 오디션을 보러 갔다. 그곳에서 "잠재력이 있으니 제대로 된 교육만 받으면 상당한 수준으로 발전할 수 있다."라는 얘기를 들었다. 그러나 현재 은호가 너무 어리기 때문에 '이곳에서 은호를 이렇게 교육시킬 수 있다.'라는 이야기까지는 듣지 못했다.

특수학교로 가면 정규 중·고등학교 교육을 받을 수 있는 것은 알고 있어요. 하지만 잘 모르겠어요. 제가 좀 잘못된 생각을 가지고 있는 건지는 잘 모르겠는데, 그런 정규학교를 보내고 나면 어떤 틀에 잡혀 버릴 것 같아요.

방송 후 은호를 한번 가르쳐 보고 싶다는 사람들로부터 많은 연락이 왔지만, 다들 멀리 있는 관계로 한 달에 한두 번도 정기적으로 방문하기가 어려운 상황이다. 전문적인 음악 실력을 갖춘 교사가 한 번이라도 방문해서 지도해 주고 가면 확실히 실력이 느는 것을 느낄 수 있기 때문에, 은호의 부모님은 단순히 호기심 어린 방문보다는 정기적으로 은호를 지도해 줄 교사를 간절히 원하고 있다.

방송을 보고 연락하신 분들은 유아교육 전공이나 피아노 전공하신 분들이 많았어요. 그런 분들이 가까운 데 있는 분들이면 괜찮은데 다들 멀리 계시는 분들이고 아직 은호가 어리니까, 매일 와서 하기에는 서로 힘들고 한 달에 한두 번 정도 와서 그냥 주기적으로 해 줄 수 있냐고 물어봤어요. 왜냐하면 은호를 가르쳐 주다가 갑자기 오지 않게 되거나 어쩌다 놀러 와서 '한번 쳐봐.' 하는 거하고, 선생님으로서 주기적으로 가르치는 것하고는 엄청나게 다르거든요. 은호도 그것을 알아요. 선생님이 가르치러 오는 것을 기다리거든요. 선생님이 오기로 약속해 놓고 오지 않으면 왜 선생님이 안 오냐고 자꾸 물어보고 그래요.

부모님은 거주 지역에 있는 피아노 학원에 은호를 데리고 가서 피아노 지도를 의뢰한 적이 있었지만, 대다수의 피아노 학원 강사들은 관심만 보일뿐 섣불리 시도하려고 하지 않았다. 장애아에게 피아노를 가르쳐 본 경험이 전무하여 은호를 어떻게 지도해야 할지 모르겠다는 이유에서였다. 또한 대부분의 피아노 학원에서는 여러 명의 학생들을 동시에 지도하기 때문에 개인 강습이 필수적인 은호를 개별적으로 지도하는 데 어려움이 있다는 이유도 있었다. 이러한 이유로 은호는 여전히 부모가 컴퓨터로 찾아서 들려주는 음악을 듣고 피아노를 치는 것으로 대부분의 시간을 보내고 있는 실정이다.

장애예술영재가 성장하기 위한 조건

은호를 키우는 과정에서 가장 어려운 점이 무엇이냐는 질문에 어머니는 교육 정보의 부족을 들었다. 거주하는 지역이 외진 곳인데다가 부모 혼자 교육에 필요한 정보를 찾아내는 데는 한계가 있어 은호에게 적합한 교육이 어떤 것인지, 어떤 서비스를 받을 수 있는지를 알지 못해 답답한 심정이라고 하였다. 또한 대도시와 달리 장애인 편의시설도 제대로 설치되어 있지 않고, 장애인을 바라보는 사람들의 시선도 왜곡된 점이 많아 안타깝다고 덧붙였다.

여기는 내가 알아서 찾아보지 않는 이상은 정보를 얻기가 쉽지 않아요. 그리고 지역적으로 도시와는 달리 지방은 장애인들이 현실적으로 살아가기 힘들어요. 도시에 사는 장애인들은 그나마 문화적인 혜택, 이동권, 편의시설이 확보가 되어 있잖아요. 시골에는 그런 것들이 거의 없죠. 그리고 장애인에 대한 인식도 마찬가지예요. 도시에서는 활발히 활동하는 장애인들이 많으니까 주변 사람들도 그런가 보다 하는데 아직도 시골에서는 장애인에 대한 편견이 많이 남아 있어서 생활하기가 정말 어려워요.

은호의 부모님은 국가의 영재교육 정책에 대해서는 잘 모르지만, 무엇보다도 장애인이 가진 능력에 대해서 관심을 가지고, 필요한 교육과 지원 서비스를 제공해 주는 것이 필요하다고 말하였다. 사회적으로도 '장애인'이라는 단어를 너무 앞세워서 그 사람이 가진 재능을 과소평가하지 말고, 순수하게 그 사람이 가진 재능을 바라봐 주고 그에 대해 충분한 지원을 해 주었으면 좋겠다고 하였다.

앞으로 은호를 어떻게 키우고 싶냐는 질문에 어머니는 난호하게 "선택은 은호가 할 것."이라고 대답하였다. 현재 가정 형편이 풍족한 상황은 아니지만 종교적 믿음을 바탕으로 은호가 재능이 있다면 분명히 잘해 나갈 수 있을 것이라고 믿고 있다. 더불어 은호의 TV 출연 이후 달라진 주위의 시선을 예로 들며 장애인에 대한 사회적 편견을 깨는 데 은호가 일조할 수 있었으면 좋겠다고 덧붙였다.

선택은 은호가 할 거예요. 아무리 재능이 있어도 싫다고 하면 어쩔 수 없는 거잖아요. 저는 은호가 계속 음악의 길을 갔으면 좋겠어요. 저희는 경제적인 것은 두 번째라고 보거든요. 내가 하고자 한다면 해야 한다고 생각해요. 저희 환경이나 상황이 솔직히 지금 복잡하고 어려운 상황이에요. 그래도 그냥 저희는 하고자 하는 게 있으면 그냥 끝까지 해 보려고 해요.

전에는 또래 아이들도 은호가 피아노를 치면 치는가 보다 하고 대단하게 생각하지 않았는데 방송 출연을 하고 알려지기 시작하니까 대단하게 보는 거예요. 은호가 틀에 묶이지 않고 자신의 뛰어난 재능을 살려 나가면 다른 사람들에게 무시당하지 않고 당당하게 살 수 있을 것 같아요. 왜냐하면 시각장애인들의 진로는 결국 안마사라고 많이 생각하는데 저는 정말 그런 생각이 싫거든요. 누가 인정을 해 주든 해 주지 않든 은호가 가지고 있는 것이, 재능이 음악이니까 그걸 살릴 수 있는 방향으로 계속해 가면 좋겠어요. 장애인에 대한 틀을 벗어나서 자신 있게 자기가 가지고 있는 끼나 재능을 발휘했으면 좋겠어요. 얼마 전 프랑스의 여자 구족화가가 한국에 왔잖아요. 그 사람은 전 세계를 다니며 자신의 재능을 펼치고 얼마나 멋있어요. 언젠가 우리 은호도 그렇게 재능을 인정받을 수 있으면 좋겠어요.

아직 은호가 어리기 때문에 어떤 방식으로 교육을 시키고 재능을 살릴 것인가에 대해서 구체적으로 세워진 계획은 없지만 은호의 부모님은 은호가 가진 재능을 믿고 계속적으로 이 분야에서 활동할 수 있도록 지원해 줄 것이라고 하였다. 또한 은호의 재능을 충분히 살릴 수 있는 적합한 교육 프로그램이 있다면 국내든 해외든 가리지 않고 보내고 싶다고도 하였다. 공중 파 방송 이후 많은 연예인과 단체가 장학금을 기부하거나 피아 노를 증정하였다는 등의 짧은 기사들을 접할 수 있었다. 하지 만 지금 어린 은호에게 가장 필요한 것은 잠깐의 이벤트가 아 니라 지속적으로 은호의 재능을 키워 줄 '헌신적인 교사'와 '지속적인 관심'이다.

장애를 넘어 아이들과 꿈을 그리다

 미술 재능의 발견

민하 씨의 어머니는 홍익대학교에서 서양화를 전공한 전업 화가였다. 그런 어머니 아래에서 민하 씨는 자연스럽게 미술을 접할 기회가 많았다. 그녀가 다섯 살 즈음이었을 때 어머니는 민하 씨에게서 미술적 재능을 발견하였다.

제가 다섯 살 즈음 어느 날, 동생과 함께 사이좋게 놀다가 우연히 붓을 잡고 꽃병 그림을 그리게 되었는데, 나란히 가지런하고 차분하게 그린 동생 그림과는 달리 제 그림에서는 구도 스케치(밑그림)와 붓의 움직임, 전체적인 분위기에서 뛰어난 회화성을 발견할 수 있었다고 해요.

청각장애 2급인 이민하 씨는 다섯 살부터 청각장애 특수학교를 다니면서 미술적 재능에 두각을 나타내기 시작하였다. 당시에 강렬한 인상의 그림을 많이 그려서인지 그녀는 지금까지도 어렸을 때 그렸던 그림에 대한 기억이 강하게 남아 있다고 했다.

🎁 어머니의 적극적인 관심과 후원

한편 민하 씨의 어머니는 초등학교 저학년 시절까지 민하 씨가 감각적 경험을 풍부하게 할 수 있도록 다양한 현장 체험에 데리고 다녔다. 매일 그림일기를 지도하였고, 미술학원 운영을 시작하여 자연스레 다른 일반 친구들과 어울리며 그림을 그릴 수 있게 하는 등의 여러 가지 노력을 기울였다. 민하 씨가 5학년이 되었을 즈음에는 대학원에 진학하여 미술 공부를 계속하며, 딸의 예술고등학교 진학에 힘썼다. 예술고등학교와 예술대학교를 졸업한 이후 예술가로서 인생의 길을 계속 갈 수 있었던 것은 어머니의 지지 덕분이라고 민하 씨는 말한다.

서에게서 많은 재능을 발견하신 어머님께서는 다섯 살 때부터 초등학교 3학년이 되기까지 제가 감각적 경험을 풍부하게 할 수 있도록 다양한 현장 체험에 데리고 다니셨어요. 하루도 빠지지 않고 그림일기를 지도해 주셨고, 초등학교에 입학할 때는 직접 미술학원 운영을 시작하시면서 동네 친구, 언니, 오빠들과 함께 그림을 그리며 친해질 수 있도록 해 주셨어요.

5학년이 되자, 새로운 세대와 흐름에 뒤지지 않는 안목을 키우시기 위해 대학원에 진학을 하셔서 다시 공부를 시작하셨고, 제가 체계적인 프로그램을 통해 미술 공부를 할 수 있도록, 예술중·고등학교 진학에 힘쓰셨어요. 또 예술고등학교와 예술대학교에 입학해서 남보다 더 많은 그림 공부를 하고, 항상 미술을 가깝게 대할 수 있도록 미술학원을 계속 운영하셨고, 대학교를 졸업해서도 혼자서 예술가로서의 길을 계속 갈 수 있도록 기반을 다지기까지, 끝까지 많은 힘이 되어 주셨어요.

특수교사로서 접하게 되는 장애예술영재

졸업 후 서울 S특수학교에서 초등부 미술 보조교사를 하면서 민하 씨는 특수교사로 진로를 결심하게 되고, 30:1의 경쟁률을 뚫고 E대학교 특수교육과 편입에 성공하게 된다. 2003년 서울시 특수교사 임용시험에 장애인으로서는 최초로 합격하여 정식 특수교사로 발령을 받은 후 현재 그녀는 특수학교에서 미술교과를 담당하여 지도하고 있다. 민하 씨는 학생들에게 기본적인 미술 요소에 충실함과 동시에 아름다운 마음과 풍부한 감성을 가질 수 있도록 도와주려고 노력하고 있다.

학교 현장에서 장애학생들에게 미술을 지도하면서 그녀는 장애예술영재로 보이는 아이들을 일부 만날 수 있었다. 이들은 주로 장애를 극복하려는 의지와 열정이 아주 강하고 목표의식이 뚜렷하여 일반인 못지않은 뛰어난 실력을 가지고 우수한 성과를 보여 주는 경우가 많았다. 하지만 때로는 어려운 환경에서 너무 장애 극복 의지에 전념을 한 나머지 자기 주장이 지나치게 강해지고 사고방식이 자신의 세계에만 국한되어 편협해지기 쉽고 애정을 가지고 모든 것을 걸고 몰두하는 만큼 생각하지 못한 난관에 부딪히면 쉽게 좌절되는 경우도 많아 교사로서 안타까웠다.

　처음에 발령받았을 때, 움직임이 불편하여 '미술' 하면 기피하던 학생들이 전국의 다양한 미술대회에 참가해 많은 상을 타게 되면서 미술에 대한 시각과 마음 자세가 바뀌어 현재는 애정

을 가지고 적극적으로 그림을 그리려는 자세를 보이고 있어요. 그러나 정말 아쉬운 문제는 학생들이 학교를 졸업하면 지속적인 지도를 받을 수 없어 계속 공부를 할 수 없다는 점이에요.

또한 민하 씨는 대부분의 장애학생들은 부모의 영향력이 매우 커서 부모의 교육방식과 사고방식에 따라 인격과 가치관이 형성되는 경우가 많기 때문에 장애예술영재의 부모교육이 필요하다는 의견을 피력하였다.

🎁 장애예술영재 육성에 대하여

예술교육은 사교육비가 많이 드는 분야이기 때문에, 학교나 기관 등에서 좋은 예술 담당 교사를 만날 수 있도록 하는 것이 최우선이라고 민하 씨는 말하였다. 게다가 예술·문화산업은 국가적 차원에서 전반적으로 예산을 많이 필요로 하는 분야이기 때문에, 장애예술영재가 사회에서 예술가로서 자리를 잡기 위해서는 정부와 대기업 등이 작가 연금제도와 다양한 학생대회 개최, 전시회장, 음악당, 공연장 등의 원활한 전시 기획 추진, 해외 활동 지원 등의 구체적인 프로그램에 대한 후원을 해주어야 한다고 제안하였다.

예술은 보이지 않는 정신적인 세계를 표현하는 학문이자 철학적인 의미가 포함되는 개념적인 학문이며, 사회에 호소력을 가지는 지도자적인 성격을 가진 학문이에요. 그래서 깊은 지식과 남다른 감성을 겸비해야 함과 동시에 음악과 무용처럼 어릴 때부터 많은 수련과 연습을 필요로 하는 학문이기도 하지요.

그러나 예술은 단순히 연습과 수련만 가지고 되는 것이 아니며, 예술에 대한 전반적인 개념을 이해해야 하고, 더 나아가 사

회를 이해해야 하며, 인생과 삶 그리고 인간에 대해서도, 심지어는 사랑의 의미까지 폭넓게 이해해야 해요. 그러니 경험하는 과정에서 어려움과 불편함에 부딪치지 않을 수 없고, 또한 그렇지 않고는 성숙해질 수도 없어요.

에필로그:
장애예술영재를 위하여

장애예술영재의 성장을 위해 우리 사회가 할 일

　장애를 지닌 예술영재가 진정한 예술가로서 성장하는 과정을 단편적으로나마 이해해 보고자 이 기록을 작성하였다. 우리는 장애예술영재들의 재능이 아동기, 학령기, 청년기, 성인기를 지나면서 점점 더 성장해 가는 것을 볼 수 있었다. 프롤로그에서 살펴보았듯이 예술적 재능을 위해서는 아동기(보편/범문화/문화 단계), 학령기(전문적 훈련 단계), 청년기와 성인기(개성 단계), 각 단계에 적합한 지속적인 지원이 필요하다. 이들의 참 성장을 위하여 우리 사회가 해야 할 일은 무엇인가?

　아동기에는 부모교육 · 교사교육의 확대, 다양한 문화와 경험에의 노출, 적절한 특수교육 제공 등이 장애예술영재교육을 위해 필요한 지원이 된다. 장애아동의 재능을 발견하기 위해서는 단순히 개인과 가족의 노력에만 의지하기보다, 쉽게 접근할 수 있고 장애인의 특성에 적합한 조기특수교육과 특기적성교육 체계가 다양화될 필요가 있다. 또한 장애아동이 가지는 영재성과 관련한 부모교육과 교사교육을 확대하여 이들이 보이는 특성에 민감하게 반응하고 적절한 교육을 지원할 수 있도록 다양한 정보를 제공하는 허브(hub)가 존재해야 한다.

학교를 다니는 시기, 즉 학령기에는 장애예술영재 양성을 위해 필요한 사회적 지원으로 전문 인력 양성, 교육 기회의 확대 등을 제안할 수 있다. 대부분 개인 사사를 통해 집중적으로 이루어지는 예술교육에서 헌신적이고 전문적인 교사가 차지하는 비중은 매우 크다. 그러므로 장애예술영재를 담당하는 교사는 예술 영역에서 높은 전문성을 가지고 있으면서 장애인이 가지는 특수성을 고려할 수 있어야 한다. 이를 위해 교사 연수와 재교육, 새로운 형식의 교사 양성 등을 고려해 볼 수 있다. 사회적 인식과 법제화 등을 통해 장애예술영재를 위한 예술교육기관에서의 교육 기회가 확대된 것은 사실이다. 하지만 대부분 감각장애와 경도장애 학생에게 해당되기 때문에 모든 장애인이 지원을 받기에는 한계가 있다. 예술영재성을 가진 장애학생이 전문적이고 체계적인 교육을 통해 재능과 잠재력을 계발하기 위해서는 예술중·고등학교, 예술대학교 등과 같은 예술영재교육기관에 진학할 수 있는 기회가 확대되어야 하며, 개별적으로 필요한 지원이 제공되어야 한다.

학령기 이후 청년기와 성인기에서부터는 장애인들이 재능을 계속해서 펼쳐 나갈 수 있는 기회가 확대될 필요가 있다. 여덟 명의 장애예술영재들 대부분이 교육 이후의 직업 전환과 독립적 생활을 영위하기 위한 기본적인 사회보장제도가 필요하다고 이야기하였다. 장애인이 예술영재성을 드러내고 이 재능이 직업으로 연결되기 위해서는 사회적으로 다양한 기회와 현장을 마련해야 하며, 그들만의 무대로 한정되지 않도록 일반 예술가와 교류하고 경쟁할 수 있는 장(場)이 더욱 확대되어야 한다.

여덟 명의 장애예술영재들의 삶과 성장

여덟 명의 장애예술영재들에게 그들의 삶의 이야기를 직접 듣게 된 것은 매우 귀중한 기회였다. 아직 우리 사회는 장애인에게, 특히 예술인으로 활동하기를 원하는 장애인에게 우호적이고 촉진적인 환경을 제공하고 있지 못하다는 그들의 지적은 가슴 아픈 사실이다. 장시간의 면담을 통해 여덟 명의 장애예술영재가 들려준 그들의 인생 이야기는 이처럼 얇은 책 한 권에 담기에는 버거울 정도로 풍부하고 깊이가 있었다. 그렇기 때문에 이 기록이 마무리되는 지금까지도 이들의 경험을 어떤 이론적 틀에 맞추어 범주화하여 분석하는 작업이 섣부른 것이 아닌가 하는 조심스러운 마음이 들기도 한다.

그럼에도 불구하고 이 기록을 조금이라도 나누고자 하는 이유는 때로는 환희와 때로는 고난과 좌절의 기억이 스며 있는 이들의 이야기가 많은 사람들에게 의미 있는 내용일 것이라 확신하기 때문이다. 게다가 관련 연구자에게는 이 책이 장애예술영재에게 필요한 사회적·교육적 지원에 대한 생생한 아이디어를 제공할 것이라 생각한다. 또한 이들의 이야기에 관심 있는 일반인들에게는 현재 우리 사회의 모습을 실감하고 다소 어려운 환경에서도 자신만의 길을 개척하는 인간의 강인함에 대해 존경심을 갖게 할 것이라 믿는다.

예술성을 통해 세상 속의 자기 자리를 확인하고자 노력하는 수많은 장애예술영재들과 그들과 매 순간을 함께하는 부모, 교사들을 꼭 기억하자는 바람을 더하며 이 기록을 마무리한다.

김동일, 박춘성, 홍성두(2007). 장애인 예술영재교육 기초연구. 한국문화예술교육진흥원.

오헌석, 김동일, 신종호, 심한식, 최지영(2006). 인적자원 개발 과정 사례 연구-예술 전문성 발달 과정 연구. 서울대학교 교육연구소 한국인적자원연구센터.

이미경, 강병직, 조주현, 홍소영(2006). 예술영재교육대상자 선발모형 개발 연구(I). 한국예술영재교육연구원.

이신동(2002). 장애영재의 이해와 교육적 중재. 발달장애학회지, 6(2), 189-203.

Csikszentmihalyi, M. (1988). Society, culture, person: A systems view of creativity. In R. J. Sternberg (Ed.), The nature of creativity (pp. 325-339). UK: Cambridge University Press.

Csikszentmihalyi, M. (1996). *Creativity: Flow and the Psychology of Discovery and Invention.* New York: Harper Collins.

Csikszentmihalyi, M. (1999). Implications of a systems perspective for the study of creativity. In R. J. Sternberg (Ed.), *Handbook of creativity.* UK: Cambridge University Press.

Feldman, D., Csikszentmihalyi, M., & Gardner, H. (1994). *Changing the world: A framework for the study of creativity.* Westport, CT: Praeger.

Gardner, H. (1983). *Frames of mind: The theory of multiple intelligences.* New York: Basic Books.

Gardner, H. (1995). Expert performance: Its structure and acquisition: Comment. *American Psychologist, 50,* 802−803.

Sternberg, R. J. (2001). Giftedness as Developing Expertise: A theory of the interface between high abilities and achieved excellence. *High Ability Study, 12*(2), 159−179.

Whitmore, J. R., & Maker, C. J. (1985). *Intellectual giftedness in disabled persons.* Rockville, MD: Aspen.

인명

내용

김동일(金東一)

　서울대학교 교육학과를 졸업하고 교육부 국비유학생으로 선발되어 University of Minnesota 교육심리학과에서 석사, 박사 학위를 취득한 후, Developmental Studies Center Research Associate, 한국청소년 상담원 상담교수, 경인교육대학교 교육학과 교수를 역임하였다. 현재 서울대학교 대학원 교육학과 교육상담전공 교수 및 특수교육전공 주임교수로 재직하고 있으며, 한국학습장애학회 회장으로 재임 중이다. 『특수아동상담』(공저, 학지사, 2002), 『학습장애아동의 이해와 교육』(2판)(공저, 학지사, 2009)을 비롯하여 30여 권의 (공)저서가 있으며, 100여 편의 학술논문과 20여 편의 상담사례 논문을 발표하였다.

　　　_ 자료 수집 · 정리: 황미주(성은학교), 지은(서울대학교 대학원)

여덟 명의 장애예술영재 이야기

또 하나의 영재 -장애를 넘어 드러난 예술재능-

2009년 4월 6일 1판 1쇄 인쇄
2009년 4월 11일 1판 1쇄 발행

지은이 • 김동일
펴낸이 • 김진환
펴낸곳 • (주) 학지사
121-837 서울특별시 마포구 서교동 352-29 마인드월드빌딩 5층
대표전화 • 02)330-5114/팩스 • 02)324-2345
홈페이지 • http://www.hakjisa.co.kr
등록 • 제313-2006-000265호

ISBN 978-89-6330-127-3 93370

정가 9,000원

인터넷 학술논문 원문 서비스 **뉴논문** www.newnonmun.com

이 저서는 2009년도 정부(교육과학기술부)의 정책중점연구소 운영사업의 지원을 받아
서울대학교 한국인적자원연구센터에서 수행된 연구 결과임.

내 아이도 영재다

Ellen Winner 저
송인섭 외 공역
2005년 | 사륙배판변형 | 340면

'과연 영재성은 무엇인가? 영재 아동은 어떤 아이인가? 혹시 내 아이도 영재일까?'

이 책은 교육 현장의 교사와 부모들이 이러한 질문에 대한 구체적이고 실제적인 답을 찾을 수 있도록 도와 줄 것이다. 인간의 다양한 특성이 인정받는 21세기에 맞게 좀 더 폭넓게 영재를 개념화하고 영재의 의미와 영재교육에 대해 다각적으로 살펴보고자 한다.

미술영재 이야기

김정희 저
2005년 | 크라운판변형 | 256면

미술 영재성과 미술 영재성 검사도구와 판단 척도에 대한 논의, 또 미술 영재들을 위한 교육 프로그램 개발을 활성화시키기 위해 집필되었다. 이 책은 미술에 높은 흥미를 보이는 아동들을 키우고 있는 부모나 그들을 가르치는 교사 입장에서 미술 영재들을 도와줄 수 있는 방법은 무엇인지, 그들이 겪는 어려움은 무엇인지를 생각하고 문제해결 방안을 찾는 데 도움을 줄 것이다.

천재성과 마음

Andrew Steptoe 저
조수철 · 김붕년 · 김재원 · 신민섭 · 신성웅 · 서천석
유한익 · 유희정 · 전성일 · 천근아 · 황준원 공역
2008년 | 크라운판 | 496면

천재에 대한 역사적인 개념의 변천과정을 기술하고, 역사적으로 각 분야에서 천재라고 인정되는 대표적인 인물들을 선정하여 다양한 관점에서 구체적으로 다루고 있다. 이 책의 가장 중요한 교훈은 아이들 내부에서 어떤 분야에 가장 뛰어난 재능이 보이는가를 세심하게 관찰하고 이를 효과적으로 키워 주는 일이 부모나 교사의 가장 중요한 임무라는 사실이다.

신세대 엄마가 선택한
우리 아이 영재로 기르기

이경화 · Joan Freeman 공저
2007년 │ 신국판 │ 304면

부모가 그들의 아이를 영재로 키울 수 있는 방안과 아이의 교육에 가장 효과적으로 적용할 수 있는 방법들이 제시되어 있다. 또한 공부 방법에 대한 조기 안내서인 동시에 아이들이 어떻게 하면 학교 수업을 잘할 수 있을지 그 방법에 관한 자료를 담고 있다. 특히 자녀를 영재로 기르기 위한 영국의 교육방법과 한국의 영재 교육방법을 통합하여 이를 한국의 문화 속에 옮기고 적용하였다.

최신영재교육학개론

이신동 · 이정규 · 박춘성 공저
2009년 │ 사륙배판변형 │ 448면

최근 영재교육 관련 이론들을 이해하고 이러한 이론이 적용되는 방법들을 쉽게 파악할 수 있도록 집필되었다. 영재의 개념과 정의에서부터 영재의 심리적 특성, 영재 판별과 선발, 영재 교수–학습 모형, 영재상담과 교사 · 부모 교육, 다양한 관점의 영재교육 등에 대하여 폭넓게 다루고 있다.

토랜스의 창의성과 교육
–왜 높이 날려 하는가?

E. Paul Torrance 저
이종연 역
2005년 │ 사륙배판변형 │ 472면

창의성의 정의와 중요성, 창의적인 사람들이 가진 특성들 그리고 창의적인 행동과 성취를 촉진하는 방법들에 대해 체계적이고 깊이 있게 다루고 있다. 이 책은 창의성을 학문의 대상으로 연구하는 사람들, 창의성 교육에 관심을 갖고 있는 교육자들, 자녀를 창의적인 영재가 되도록 키우는 데 관심이 있는 학부모들뿐만 아니라 자신의 창의적 잠재력을 이해하고 일깨우고 계발하고자 하는 모든 사람들에게 큰 도움이 될 것이다.